Gabriel LEROUX

DOCTEUR ÈS LETTRES

ANCIEN MEMBRE DE L'ÉCOLE FRANÇAISE D'ATHÈNES

ET DE L'ÉCOLE DES HAUTES ÉTUDES HISPANIQUES

LAGYNOS

RECHERCHES SUR LA CÉRAMIQUE

ET L'ART ORNEMENTAL HELLÉNISTIQUES

PARIS

ERNEST LEROUX, ÉDITEUR

RUE BONAPARTE, 28

1913

LAGYNOS

RECHERCHES SUR LA CÉRAMIQUE
ET L'ART ORNEMENTAL HELLÉNISTIQUES

Gabriel LEROUX

DOCTEUR ÈS LETTRES

ANCIEN MEMBRE DE L'ÉCOLE FRANÇAISE D'ATHÈNES

LAGYNOS

RECHERCHES SUR LA CÉRAMIQUE

ET L'ART ORNEMENTAL HELLÉNISTIQUES

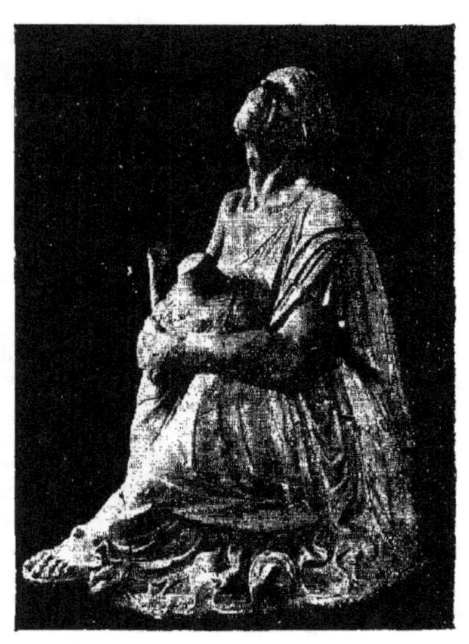

PARIS

ERNEST LEROUX, ÉDITEUR

RUE BONAPARTE, 28

1913

A M. Georges PERROT

INTRODUCTION

Les vases qui font l'objet de cette étude forment une
série homogène et nettement caractérisée. Ce sont des
œnochoés d'un type particulier, inconnu à l'époque classique, et que désignait spécialement, comme j'espère le
prouver, le nom de λάγυνος. Un enduit blanc les recouvre,
laiteux et lustré, sur lequel se détachent de légers motifs,
peints d'une couleur unique mais nuancée.

Le *lagynos* hellénistique méritait quelque attention, à
plusieurs titres ; non pas seulement pour l'originalité de
sa forme et de son décor, mais parce qu'il y est fait d'assez
nombreuses allusions dans les textes historiques et littéraires. Comme accessoire et symbole d'une certaine sorte
de banquet, il intéressait spécialement les auteurs de
comédies et d'épigrammes. Plusieurs pièces de l'Anthologie lui sont dédiées et trouveront dans les pages suivantes leur commentaire archéologique.

Comme type céramique, le lagynos nous montre, aux
derniers siècles avant notre ère, la survivance d'une très
ancienne technique, celle du décor brun monochrome
sur enduit blanc. La peinture de vases à fond clair, à
laquelle s'oppose le style dit de Gnathia, comporte alors
trois variétés principales, également répandues, semble-
t-il, dans tous les pays de culture grecque :

1° Le décor brun monochrome peint, non pas sur
enduit, mais à même la terre ; surtout représenté par des

vases béotiens, apuliens et par la série des hydries funéraires d'Hadra, portant des inscriptions[1].

2° La peinture polychrome sur couverte blanche, dont
les plus beaux spécimens appartiennent à une autre série
d'hydries alexandrines[2] et à la fabrique chypriote[3].

3° La peinture monochrome, brune, sur couverte, représentée par nos lagynoi.

Leur ornementation, comme leur forme et leur technique, assigne à ces derniers vases une place distincte
dans la poterie hellénistique. Elle n'a son équivalent
exact dans aucune autre série. Si l'exécution est en
général peu soignée et ne révèle jamais la main d'un
maître, l'examen des motifs et de la manière dont ils sont
traités ne laisse pas d'intéresser l'histoire de l'art ornemental.

Sans qu'elle passât tout à fait inaperçue, cette sorte de
vases n'a pas encore été spécialement étudiée. Les séries
archaïques ont longtemps accaparé l'attention et fait du
tort aux plus récentes. Divers Musées d'Europe possèdent
de longue date des lagynoi à fond blanc, dont bien peu
toutefois ont eu les honneurs d'une publication. Ce
sont Dennis[4] et Brongniart[5] qui les premiers firent
reproduire des exemplaires de ce type céramique. Plus
tard Stephani[6] en signalait quelques autres, mais d'une
technique anormale et qui ne comptent pas parmi les
plus caractéristiques. Un assez beau lagynos du Musée
de Vienne figure aussi dans le catalogue de Masner[7];

---

1. Cf. Pagenstecher, *Amer. Journ. of Archaeol.*, 1909, p. 387 et suiv.
2. *Musée Égyptien*, III, pl. VIII, X, XV-XVIII.
3. *Atlas of the Cesnola collection of Cypriote antiquities*, pl. CXXXVI, 296;
Ohnefalsch Richter, *Kypros*, pl. LXIV, n. 7; etc.
4. Dennis, *Cities and Cemeteries of Etruria*, Londres, 5° éd., 1878, I, p.
CXXIV, 67.
5. Brongniart, *Musée de Sèvres*, pl. XIII, n. 15.
6. *Comptes rendus*, 1880, p. 13, 23; suppl. taf. 1, 3, 6.
7. Masner, *Sammlung ant. vasen*, fig. 34, n. 593.

d'autres enfin, trouvés en Chypre, furent publiés par Cesnola[1].

Dans les fouilles récentes de Théra, d'Athènes, de Pergame et de Priène, ces poteries se sont rencontrées en abondance, et c'est surtout depuis lors qu'il en a été question. MM. Watzinger[2] et Thiersch[3] leur ont consacré quelques remarques. MM. Dragendorff[4], Conze[5] et Zahn[6], avec de nouvelles reproductions, nous ont donné l'inventaire des spécimens qui leur étaient connus[7].

Cette liste déjà longue s'est trouvée d'un seul coup notablement augmentée par les fouilles de Délos. C'est l'examen des vases et des tessons trouvés à Délos qui nous a conduit à étudier la série tout entière.

Le catalogue qu'on va voir se divise en trois parties. La première et la principale comprend des œnochoés de la forme caractéristique du λάγυνος, ornées d'un décor brun, nuancé, sur fond blanc. Dans la seconde, j'ai rangé des vases qui diffèrent plus ou moins des précédents par la forme, mais dont la technique et le décor pictural sont pareils. Nous ne pouvions non plus négliger d'autres vases, identiques par la forme à ceux du premier groupe, mais d'une technique distincte; ce sont ceux qu'on trouvera dans la dernière partie.

A cet inventaire descriptif, font suite des observations portant sur l'ensemble de la série; j'ai tâché enfin de

1. *Atlas of the Cesnola collect. of Cypriote antiquities*, II, pl. 137 (1000, 1001), pl. 143 (1066, 1067).
2. *Athen. Mitteil.*, 1901, p. 56, 57.
3. *Ibid.*, 1902, p. 156.
4. *Thera*, II, p. 237 et suiv.
5. *Kleinfunde aus Pergamon* (Abhandl. d. preus. Akad. d. Wissensch., 1902, p. 18, pl. 4).
6. *Priene*, p. 400 et suiv., fig. 539.
7. Autres exemplaires plus récemment reproduits ou signalés : *Athen. Mitteil.*, 1906, p. 371; *Arch. Anzeig.*, 1907, col. 139; *Catal. de la coll. Vogel*, Cassel, 1908, p. 42, pl. V.; *Arch. Anzeig*, 1908, col. 68, n. 25.

définir les tendances esthétiques nouvelles dont témoignent ces vases et le style ornemental dont leurs peintures nous montrent le reflet.

Dans chaque partie du catalogue, les lagynoi sont classés par lieux de provenance. Si j'ai commencé par ceux de Délos, c'est d'abord qu'ils étaient les moins connus de tous. Mais c'est aussi parce que la fabrication de cette céramique semble avoir eu l'un de ses centres principaux dans l'Archipel. La mer Égée occupe en somme le milieu de la région, très étendue, des trouvailles ; région qui déborde sur l'Est de la Grèce continentale, l'Asie Mineure et la côte africaine. On pourrait donner à ces poteries le nom d'égéennes. Elles sont les produits d'une époque où les ateliers des Iles et de la Grèce orientale font à ceux d'Athènes et du continent la plus active concurrence.

Pour éviter dans ce qui suit des répétitions inutiles, nous donnerons d'abord de l'œnochoé appelée lagynos une définition générale. Le col est haut et droit, presque exactement cylindrique. L'embouchure est marquée par un rebord peu saillant, jamais par un bec trilobé. L'anse s'élève verticalement de l'épaule du vase et forme, pour s'attacher au sommet du col, un angle droit amorti. Elle est presque toujours trifide, rarement torse. La panse est basse, largement assise. A partir du pied, marqué par une seule moulure, elle s'évase en s'élevant, puis, par un brusque ressaut, revient vers le col et présente, au dessus d'une arête vive, une épaule plate ou légèrement bombée.

Tel est l'aspect habituel du lagynos. On verra que cette forme comporte plus d'une variante. Le col peut être plus ou moins haut, le profil de la panse droit, concave ou convexe. Pour chaque exemplaire catalogué nous indiquerons surtout les traits qui le rendent reconnaissable et par où il s'écarte du type moyen[1].

Un travail de ce genre ne saurait être ni complet, ni définitif. Depuis le jour où il a été commencé jusqu'à celui de sa publication, le catalogue ci-dessous n'a pas cessé de s'enrichir. Je ne doute pas qu'il ne soit bientôt possible de lui donner un supplément. Sans parler des vases que livreront les fouilles à venir, il est inévitable que certaines pièces de musées ou de collections m'aient échappé. Tel qu'il est, cet inventaire m'a semblé assez riche pour fournir la matière d'une étude d'ensemble dont les conclusions ne risqueront guère d'être modifiées par la suite.

J'ai trouvé dans mes recherches le plus précieux et le plus obligeant concours auprès de divers savants. M. Zahn m'a très complètement renseigné sur les vases de Berlin et sur les nouvelles acquisitions des Musées d'Allemagne. MM. Karo et Watzinger m'ont fourni plus d'une indication utile. M. Sieveking m'a communiqué un lagynos inédit de Munich. M. Von Stern a fait photographier pour moi les vases du Musée d'Odessa. M. Pottier m'a autorisé à reproduire ceux du Louvre. J'ai mis de plus à profit ses observations sur un mémoire inédit, rédigé à l'École d'Athènes[2], qui a été le point de départ de ces recherches. M. Pierre Paris a pris pour moi des notes et des croquis au Musée d'Alger. Enfin, je tiens surtout à remercier M. Holleaux et M. Perdrizet pour les informations et les suggestions dont je leur suis redevable.

1. Si quelques-unes de nos notices sont moins complètes que d'autres, c'est que nous n'avons pas eu tous les vases entre les mains, et qu'on ne nous a pas décrit avec la même précision tous ceux sur lesquels on nous renseignait.

2. Cf. *Comptes rendus de l'Acad. d. Inscr.*, 1908, p. 291 et suiv.

CATALOGUE

I

LAGYNOI A PANSE BASSE, A DÉCOR BRUN SUR FOND BLANC

Les vases qui suivent sont conservés au Musée de Délos.

1 (Trouvé dans la Maison des dauphins.) — Haut., 0^m14.
Épaule convexe. Col assez bas. L'anse et l'embouchure
sont brisées.

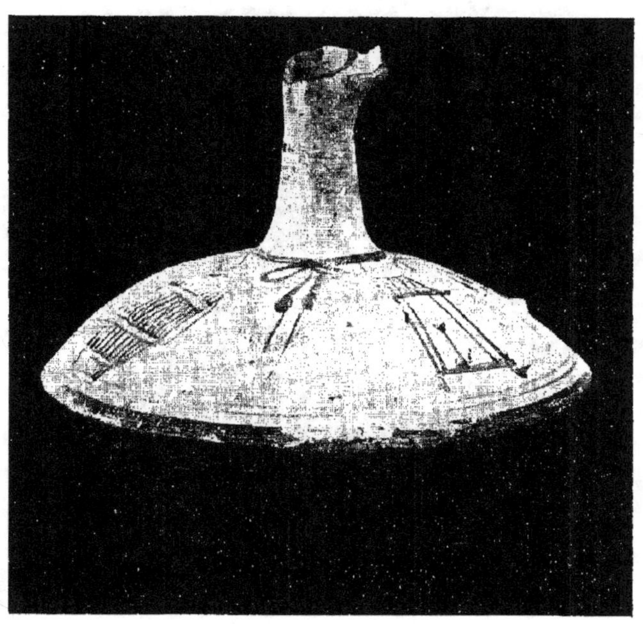

N° 1

Terre jaunâtre, pâle et micacée. Assez belle couverte d'épaisseur inégale ; au bas de la panse, zone négligée de largeur
inégale où l'argile est apparente. Peinture nuancée allant du
noir au bistre clair.

A l'arête de l'épaule, un cercle large entre deux paires de

cercles fins. Sur l'épaule, une couronne nouée d'un lemnisque;
un lagynos à panse plate; un lemnisque noué; un objet ovale,
peu reconnaissable, sans doute une sorte de filet, qui servait à
porter les accessoires du symposion (cf. ci-dessous, p. 93); un
second lemnisque noué; une lanterne suspendue; un troisième
lemnisque. Cercles au pied du vase et à la base du col.

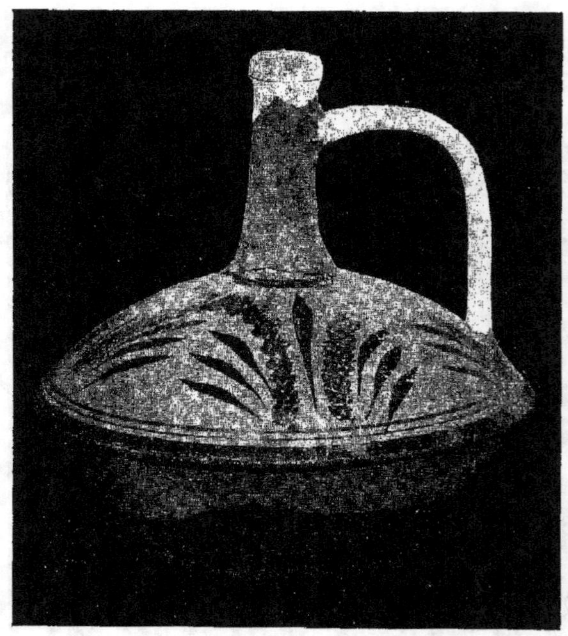

N° 5

2 (Inv. 1018 — Ouest de la Salle hypostyle.) — Haut.,
0ᵐ13.

Pied large. Panse presque cylindrique. Le haut de la panse,
l'anse et le col sont brisés.

Terre rouge pâle. Très belle couverte, bien conservée. Peinture
rouge orangé, d'un ton uniforme.

A l'arête de l'épaule, cercle large entre deux paires de cercles
fins. Au-dessus, guirlande à festons, relevée par des lemnisques.

3 (Inv. 6051. — Nord du Sanctuaire.) — Haut., o^m og.
Panse basse; épaule très bombée. Le col et l'anse sont brisés.
Terre rouge sombre, très cuite. Belle couverte ivoirine. Peinture brune.
Pas d'autre décor que les cercles parallèles à l'arête de l'épaule.

4 (Inv. 5024. — Ouest de la Salle hypostyle.) — Haut., o^m 07.
Petit vase, dont le haut du col et l'anse sont brisés.
Terre rouge pâle. Assez belle couverte. Peinture brune.
Sur l'épaule, guirlande stylisée, avec rinceaux alternés et prolongés par des vrilles(?).

5 (Inv. 6010. — Ouest de la Salle hypostyle.) — Haut., o^m 14.
Le haut du col et l'anse sont brisés.
Terre rouge, bien cuite. Couverte mince et peu brillante. Peinture nuancée, allant du brun au rouge orangé.
Sur l'épaule, bouquets de longues feuilles, disposées comme les lobes d'une palmette. De l'un à l'autre, des guirlandes de feuillage formant arceaux.

6 (Inv. 1202. — Ouest de la Salle hypostyle.) — Haut., o^m og.
Le col et l'anse sont brisés. Il manque de nombreux morceaux de la panse.
Terre rouge, bien cuite. Très belle couverte, épaisse et bien conservée. Peinture rouge sombre, d'un ton uniforme.
A l'arête de l'épaule, cercle large entre deux paires de cercles fins. Au-dessus, un dauphin plongeant; une petite harpe triangulaire (τρίγωνος); un dauphin; une syrinx; un dauphin.

7 (Inv. 6715. — Agora des Italiens.) — Largeur, o^m 18(?).
Fragments d'un vase.
Terre rougeâtre, micacée et très cuite. Très belle couverte ivoirine, épaisse et résistante. Peinture nuancée, allant du noir à la sépia claire.
A l'arête de l'épaule, un cercle large sous deux cercles fins. Sur l'épaule, guirlande de lierre festonnante et sans fruits.

8 (Inv. 6453. — Ouest de la Salle hypostyle.) — Haut., 0ᵐ09.
Petit vase, à col bas.

Terre rouge pâle. Couverte mince et terne. Peinture brune,
très effacée.

Cercles parallèles à l'arête de l'épaule.

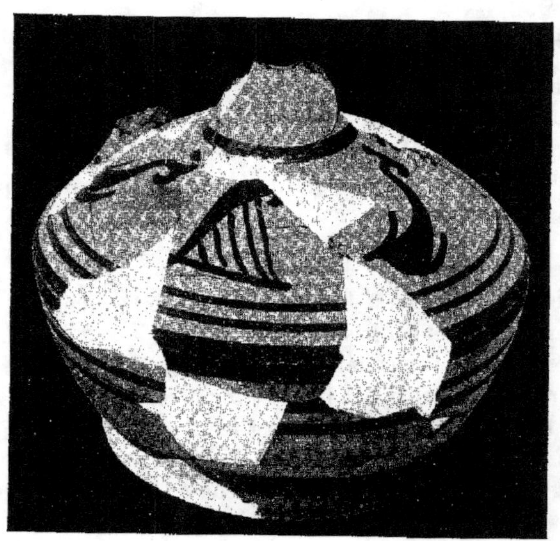

Nᵒ 6

9 (Inv. 7130. — Rue du Théâtre, insula I.) — Haut., 0ᵐ12.
Panse très basse. L'anse et le haut du col sont brisés. Épaule
bombée.

Terre rose pâle; mal épurée et mal cuite; légèrement micacée.
Bien qu'en apparence semblable aux autres, ce vase n'a pas reçu
de couverte. La surface de l'argile a seulement été polie avec
soin. Peinture rouge terne.

Le décor ne consiste qu'en une large zone à l'arête de l'épaule,
au-dessous de deux cercles fins. Un autre cercle marque le pied
du vase.

Mélos.

10 *Athènes, Musée central*, n. 2354. — Haut., 0ᵐ16.
Panse haute; épaule peu bombée.

Terre brune, micacée. Couverte mince et très détériorée.
Peinture rouge orangé terne.

Sur l'épaule, une couronne, faite de deux rameaux d'olivier,
qui se rejoignent du côté opposé à l'anse. A cette place, un ornement en forme de losange.

Zahn, *Priene*, p. 400.

11 *Athènes, Musée central*, n. 2353. — Haut., 0^m14.

Terre rouge terne. Couverte inégale et détériorée. Peinture
noire tournant au brun olive.

Guirlande de lierre festonnante et sans fruits.

Zahn, *Priene*, p. 400.

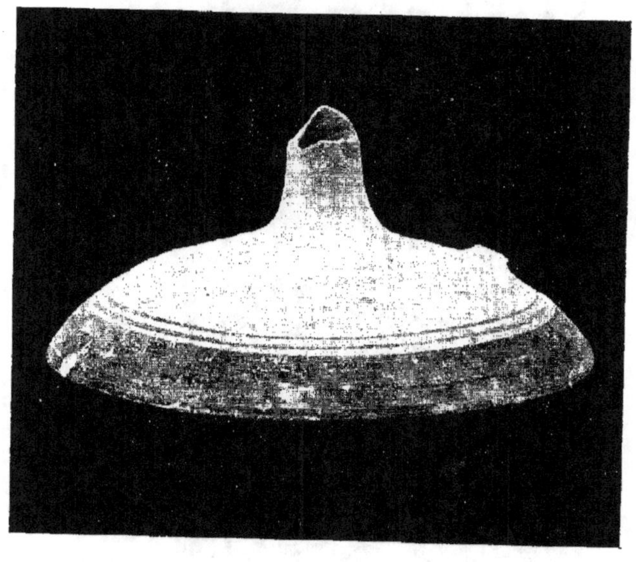

N° 9

Crète.

12 *Musée de Candie.*

Épaule bombée. Anse remontante.

Terre rouge sombre. Belle couverte, bien conservée. Peinture
rouge orangé pâle.

Guirlande de lierre festonnante, avec feuilles alternées et fruits.

13 *Musée de Candie.*
Petit vase de fabrication soignée. Panse bombée.
Belle couverte, peinture brune.
Guirlande stylisée, à feuilles symétriques.

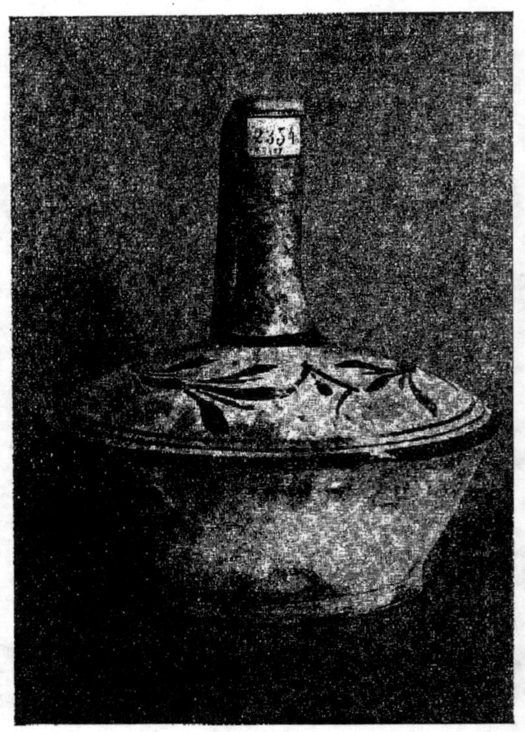

N° 10

Théra.

14 *Musée de Sèvres*, n. 3085. — Haut., 0ᵐ17.
Couverte bien conservée, qui recouvre entièrement le vase.
Peinture brun rouge, nuancée.

Guirlande d'olivier (?), d'un dessin assez négligé.

Brongniart, *Musée de Sèvres*, pl. VIII, n. 15. — Dragendorff, *Thera*, II, p. 237.

Chios.

15 *Smyrne, École évangélique*, n. 56. — Haut., 0ᵐ28.
Pied large ; panse basse. Anse torse.
Pas de couverte. Peinture brune.
Cercles parallèles à l'épaule.

Athènes.

16 Fragments. *Athènes, Musée central.*

Anse d'un vase, creuse et décorée au coude d'un petit masque en relief, dans la bouche duquel est pratiquée une ouverture. Comme l'a remarqué le premier éditeur, ce fragment semble provenir d'un vase à surprises, dont la structure était telle qu'en bouchant cette ouverture avec le pouce on pouvait modifier le débit.

Watzinger, *Athen. Mitteil.*, 1901, p. 56, 57. — Zahn, *Priene*, p. 400.

Deonna, *Bulletin de l'Institut genevois*, 1909, p. 207 et suiv.; Id., *L'archéologie*, I, p. 218, fig. 13.

Erétrie.

17 *Athènes, Musée central*, n. 2397. — Haut., 0ᵐ23.
Panse large, épaule légèrement bombée.

Terre rouge pâle. Couverte épaisse, brillante et d'un beau grain, recouvrant toute la surface du vase. Peinture brune nuancée.

Cinq couronnes nouées de lemnisques, dont trois verticales et deux placées obliquement.

Zahn, *Priene*, p. 400.

Thèbes.

18 *Dans le commerce, à Thèbes.* — Haut., 0ᵐ16.
Épaule bombée. Col très bas.

Belle couverte. Peinture rouge orangé clair.

Cinq lemnisques noués, séparés par des groupes de deux points.

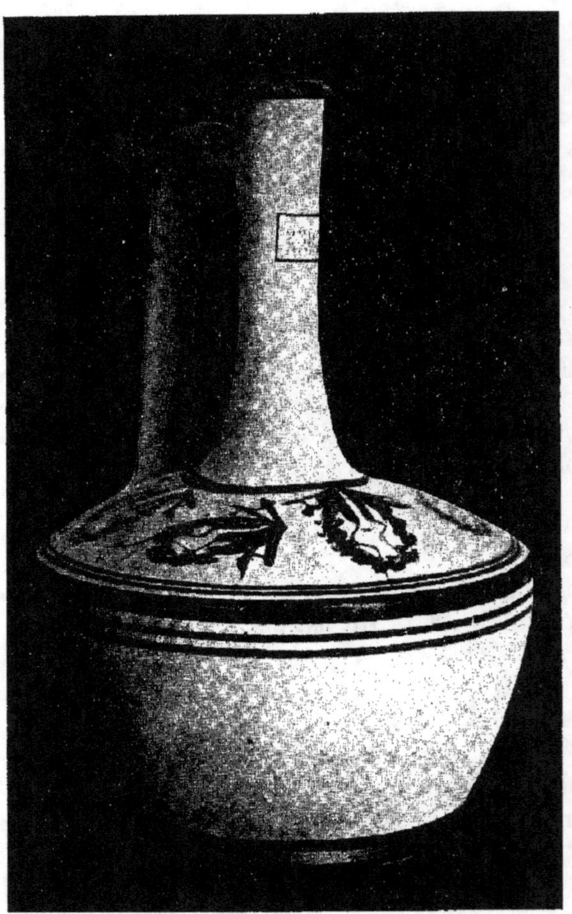

N° 17

Corinthe.

19 *Athènes, Musée central,* n. 2265. — Haut., 0ᵐ 18.
Panse haute et massive. Col bas.

Terre jaunâtre. Couverte mince et détériorée. Peinture rouge orangé d'un ton uniforme.

Trois guirlandes nouées de lemnisques, alternant avec un trident; une syrinx; un filet ovale(?) pour les coupes; un bâton noueux, thyrse ou bien houlette de berger.

Zahn, *Priene*, p. 400.

Mycènes.

20 *Berlin, Collection Schliemann*, n. 10774. — Haut., o^m 13.
Col large, dont l'embouchure, pareille à celle des lécythes, est rapportée.

Couverte d'un blanc jaunâtre, détériorée. Peinture brune tournant au rouge.

Guirlande de feuillage, tressée (?) et rectiligne.
Zahn, *Priene*, p. 400.

Égine.

21 *Musée de Vienne*, n. 593. — Haut., o^m 19.
Panse large, presque cylindrique. Col haut et peu évasé.
Belle couverte d'un blanc d'ivoire. Peinture brune.
Une guirlande relevée à intervalles par des lemnisques noués.
Masner, *Catal.*, n. 593, fig. 34. — Zahn, *Priene*, p. 400.

Priène.

Les trouvailles de Priène, aujourd'hui au *Musée de Berlin* (un vase entier et quatre fragments), ont été étudiées et publiées par M. Zahn (*Priene*, p. 400).

22 Inv. 3851.
Panse basse, épaule bombée et large. Col haut avec rebord bien marqué.
Terre assez grossière. Couverte très mince.

Cercles parallèles à l'arête de l'épaule. Technique peu soignée.
Priene, fig. 539, 2.

23 Inv. 3850.
Petit fragment d'une épaule. Cercles parallèles.

24 Inv. 3848.
Fragment d'une épaule et d'un col.
Reste de couronne.

25 Inv. 3847.
Fragment d'un col et d'une anse torse.
Priene, fig. 526.

26 Inv. 3849.
Fragment du col et de l'épaule d'un lagynos qui servait
sans doute de vase à surprises.
Le goulot se prolongeait à l'intérieur par un tube vertical.
Priene, fig. 527. (Cf. pour les vases truqués de même technique le fragment trouvé à Athènes, Watzinger, *Athen. Mitteil.*,
1901, p. 91, ci-dessus n° 16).

Myrina.

27 *Louvre*. — Haut., 0ᵐ27.
Panse basse, épaule bombée. Col haut et conique.
Terre rouge pâle. Couverte fine et résistante, d'un beau blanc
d'ivoire. Peinture brune tournant au bistre.
Trois couronnes nouées de lemnisques alternant avec deux
dauphins, très stylisés.
Pottier et Reinach, *Nécropole de Myrina*, p. 586, n. 564. —
Zahn, *Priene*, p. 400.

28 *Louvre*. — Haut., 0ᵐ12.
Col assez bas.
Même terre et même couverte que le précédent. Peinture
brune tournant au rouge orangé.

Cinq lemnisques noués.
Zahn, *Priene*, p. 400.

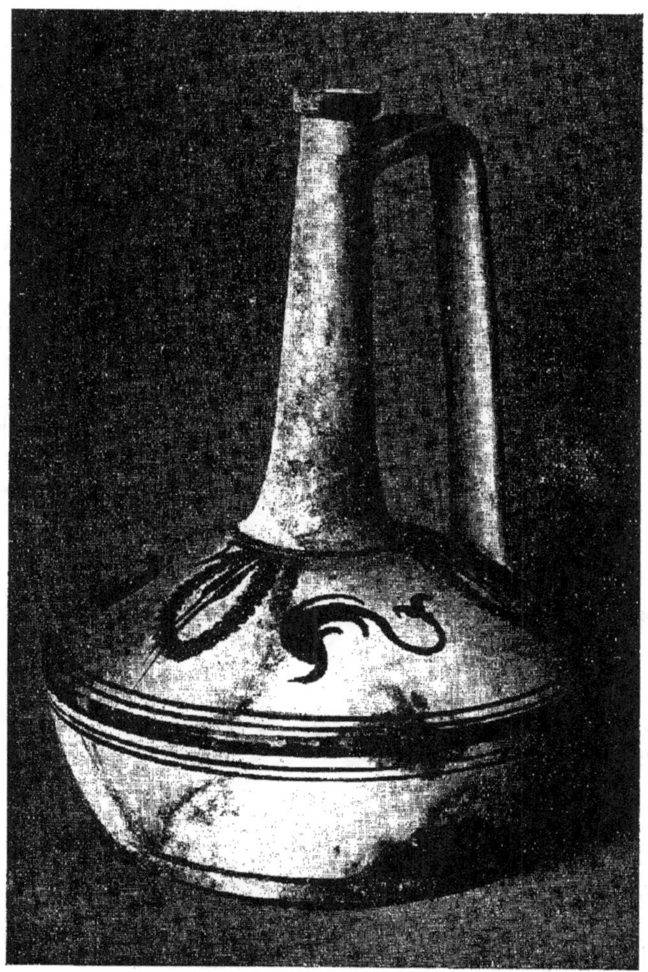

N° 27

Pergame.

Les trouvailles de Pergame sont aujourd'hui conservées,
comme celles de Priène, au *Musée de Berlin*. Elles ne compren-

nent que des fragments, mais dont plusieurs sont d'un travail
très soigné.

29 Fragment de l'épaule d'un lagynos.
Terre rouge pâle, fine et bien épurée. Peinture brune assez
sombre.
Au-dessus de deux cercles parallèles, une sorte de palmette
à dix lobes.

30 Fragment de même terre et de même technique.
Restes d'une couronne (?) et d'un filet ovale.

31 Fragment. Guirlande de feuillage relevée par un lemnisque.
Au-dessus, deux points séparés par un trait horizontal.

32 Fragment. Bouquet de feuilles, d'où s'échappe une tige
ponctuée en forme de vrille.

Russie méridionale.

33 *Musée d'Odessa*, III, 3599 (Fouilles exécutées à Olbia en
1900). — Haut., 0ᵐ16.
Panse très basse; épaule bombée; anse torse.
Très belle couverte. Peinture brune nuancée.
Quatre couronnes nouées de lemnisques, alternant avec trois
dauphins.

34 *Musée d'Odessa*, III, 3604 (Fouilles exécutées à Olbia en
1900). — Haut., 0ᵐ10.
Panse massive et bombée, épaule plate. Col très court.
Terre rouge jaunâtre. Couverte mince.

A l'arête de l'épaule, un cercle large entre deux cercles fins. Au-dessus, guirlande de lierre (?) très stylisée.

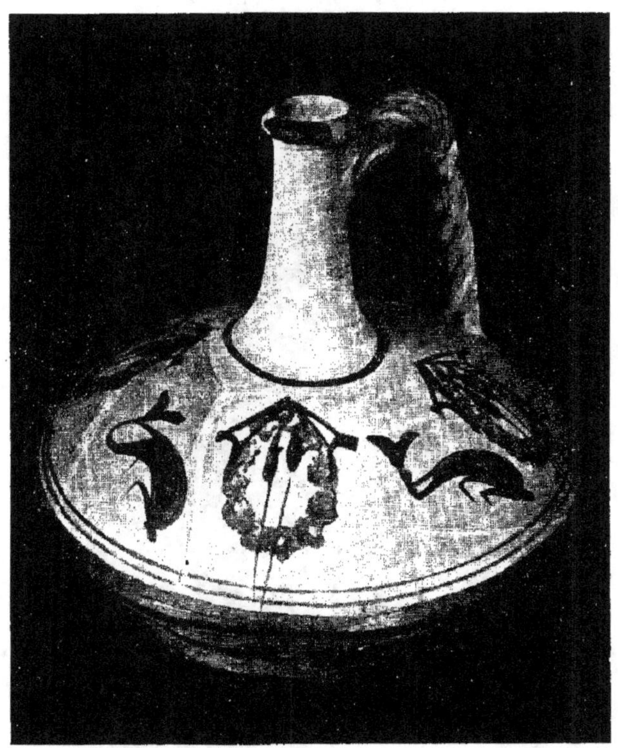

Nº 33

35 *Musée d'Odessa*, III, 4293 (Fouilles exécutées à Olbia en 1902). — Haut., o^m 22.

Col très haut. Épaule bombée, dont l'arête est très amortie. Un ressaut à la base du col.

Belle couverte, étendue sur toute la surface du vase.

A l'arête de l'épaule, un cercle large entre deux cercles fins. Au-dessus, zone de languettes rayonnantes, alternativement courtes et longues.

36 *Musée de Berlin*, inv. 5000 (Olbia). — Haut., o^m 16.

Pied large et panse bombée. Col haut.

Terre micacée. Couverte jaunâtre, çà et là rougie au feu. Peinture brune nuancée.

Guirlande rectiligne, avec feuilles pointues accouplées.

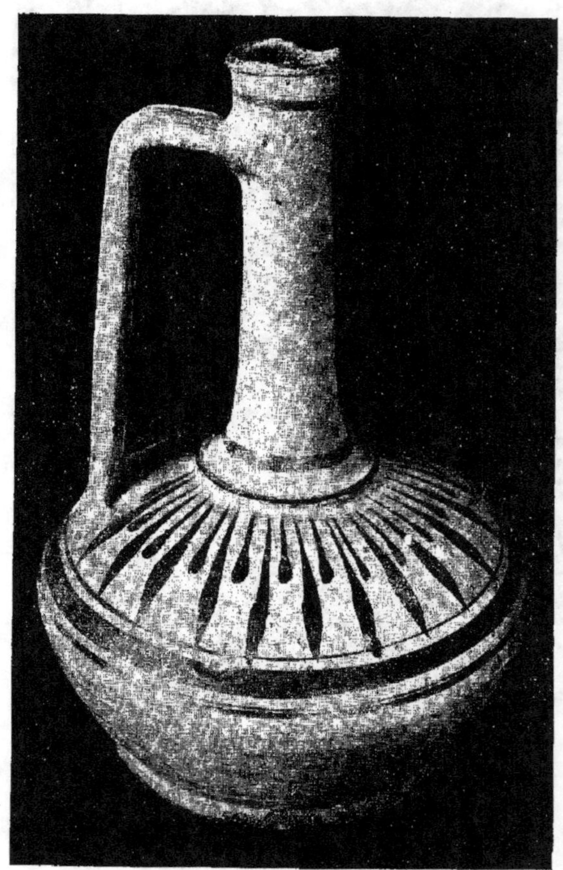

N° 35

37 *Musée d'Odessa*, III, 187 (Kertsch). — Haut., 0ᵐ19.
Panse bombée, épaule plate. Col haut.
Belle couverte, intacte.
A l'arête de l'épaule, un cercle large entre deux cercles fins. Au-dessus, guirlande de lierre festonnante, avec feuilles alternées et fruits.

Zahn, *Priene*, p. 400.

38 Disparu (?) (Taman). — Haut., o^m 22.

Anse torse.

Terre jaunâtre, impure. Pas de couverte. Peinture brune.

Cercles parallèles à l'arête de l'épaule et au rebord du goulot.

Stephani, *Comptes rendus*, 1880, p. 13. Supplem. taf. n. 3. — Zahn, *Priene*, p. 400.

39 Autrefois dans la *Collection Vogel* (*Catal.*, p. 42, n. 389, pl. V, n. 17).

Panse basse, anse torse.

Terre jaunâtre. Belle couverte.

Une couronne nouée d'un lemnisque, une amphore pointue, une couronne, un filet ovale, une couronne, un lagynos.

40 *Musée de Kertsch.*

Panse trapue, épaule bombée. Le col est brisé.

Belle couverte. Peinture sombre.

Une amphore pointue; un lagynos, un filet ovale, une cithare, un trigonos, une flûte de Pan.

Arch. Anzeig., 1907, col. 139, fig. 8, 9.

41 *Musée de Berlin*, inv. 4945. — Haut., o^m 09.

Petit vase à col court, bien évasé.

Terre jaune claire. Couverte mince. Peinture brune, terne.

Décoration d'un genre unique dans la série des lagynoi.

Sur l'épaule, dans des sortes de métopes que séparent des bandes verticales remplies par des quadrillés obliques : une poule, un chevreuil, deux poules, un coq, un chien ou une panthère. Tous ces animaux, d'un dessin puéril, sont tournés vers la droite.

42 *Musée de Berlin*, inv. 4982. — Haut., o^m 11.

Terre jaune claire, très micacée.

Sur l'épaule, épaisse guirlande rectiligne.

43 *Musée de Berlin* (même numéro d'inventaire). — Haut.,
o^m12.

Même terre.

Tige rectiligne, avec feuilles pointues accouplées.

44 *Musée de Berlin* (même numéro d'inventaire). — Haut.,
o^m13.

Même terre.

Languettes ou feuilles rayonnantes.

Chypre.

Les lagynoi provenant de Chypre forment un groupe distinct.
Par leur décoration et leur forme, ils s'écartent sensiblement du
type ordinaire (cf. surtout les n. 45 et 51). La couverte, dont l'usage
n'est pas constant, n'a pas son brillant et sa blancheur habituels.
Les inscriptions, partout ailleurs très rares, sont ici relativement
nombreuses (n. 46, 47, 51). Ces anomalies, comme aussi l'emploi
de l'argile chypriote, attestent l'existence à Chypre d'une fabrique
de lagynoi. Les vases 45 et 51, d'un style assez particulier, proche
encore des styles chypriotes du ive siècle, pourraient bien être
les plus anciens de toute notre série.

45 *Musée de Berlin*, inv. 4843. — Haut., o^m23.

Panse haute, posant sur un pied très étroit. Le col est évasé
par le bas.

Terre de Chypre, jaunâtre, sans couverte. Peinture brune.

Sur la panse, cercles parallèles. Sur l'épaule, guirlande
stylisée, avec feuilles symétriques, entre deux cercles parallèles.
Au-dessus, triple guirlande de lierre, festonnante; cercle de
points; zone quadrillée entre deux cercles larges, celui du haut
se prolongeant par des dents de loup. Sur le col, à l'attache de
l'anse, guirlande de feuilles stylisées. Au sommet, zone de
dents de loup.

46 *New-York, Museum of art.*

Panse large, cylindrique. Col droit.

Couverte jaunâtre. Peinture brune.

Sur la panse, et à l'arête de l'épaule, cercles parallèles. Au-
dessus, une guirlande formée de deux rameaux avec bouquets

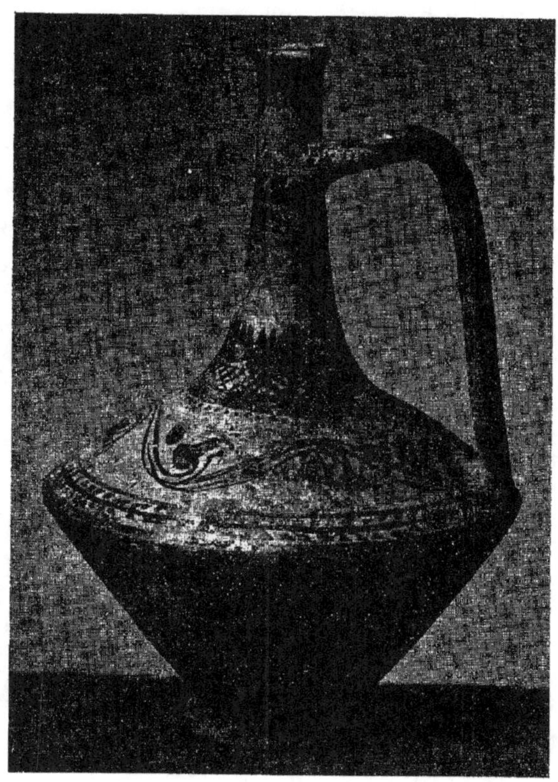

Nº 46

de feuilles et fruits. A la base du col, sous une zone de dents de
loup, est peinte l'inscription :

KITIAC

Le nom propre Κιτίας dérive du nom de Κίτιον (aujourd'hui
Larnaca), dans l'antiquité comme maintenant la principale ville
de Chypre.

Atlas of the Cesnola Collection, pl. CXLIII, n. 1067.

47 *New-York, Museum of art.*

Épaule large et bombée. Panse écrasée. Col avec double ressaut à l'embouchure. Anse torse.

Couverte jaunâtre. Peinture brune.

Cercles parallèles à l'arête de l'épaule. Au dessus, guirlande de laurier (?). Sur le col, zone de dents de loup. Sur l'épaule est peinte l'inscription :

ΕΡѠϹ

Ἔρως désigne sans doute, non pas le dieu Amour, mais le possesseur du vase, quelque mignon, ou ex-mignon, esclave ou affranchi. Aux temps hellénistiques et romains, le nom se trouve souvent porté par des gens de cette sorte ou de cette origine. Cf. *Wörterbuch der griech. Eigennamen,* 3ᵉ éd., t. I, p. 393.

Atlas of the Cesnola Collection, pl. CXLIII, n. 1066.

48 *New-York, Museum of art.*

Épaule peu tombante ; pied large. Col évasé, avec double ressaut à l'embouchure.

Terre rouge brique. Peinture brune.

Sur la panse, quatre zones inégales. Sur l'épaule, près de l'arête, une guirlande étroite de feuilles jumelles stylisées ; au-dessus, triple guirlande de lierre, avec feuilles et fruits. A la base, au milieu et au sommet du col, zone de dents de loup.

Atlas of the Cesnola Collection, pl. CXXXVII, n. 1001.

49 *New-York, Museum of art.*

Panse haute, épaule plate. Col évasé au sommet et à la base. Double ressaut à l'embouchure Anse torse.

Terre rouge pâle. Couverte jaunâtre. Peinture brune.

Sur la panse, près de l'épaule, deux larges cercles. Sur l'épaule, une guirlande étroite de feuilles symétriques stylisées ; au-dessus, zone de points ; zone d'arcs juxtaposés et se chevauchant. Au pied du col, deux cercles et une zone de dents de loup. Au milieu et au sommet du col, deux zones de dents de loup.

Atlas of the Cesnola Collection, pl. CXXXVII, n. 1000.

50 *Dans le commerce à Paris, en 1873.*

Panse très aplatie. Col à rebord saillant. Anse torse.

Sur la gravure, rien n'est visible du décor peint, sinon une sorte de collier au bas du col.

The antiquities of Cyprus discovered by general di Cesnola, Londres, 1873, pl. III.

50ª *Florence, Musée archéologique.*

Panse rétrécie vers le bas. Anse torse, large bec.

Terre jaune pâle, sans couverte. Peinture rouge.

Guirlande de laurier avec fruits; filets parallèles.

50ᵇ *Florence, Musée archéologique.*

Même forme et même terre.

Filets bruns.

51 *Athènes, Collection G. Karo.* — Haut., 0ᵐ24.

Même forme que le lagynos de Berlin, n. 45. Le haut du col est brisé.

Terre chypriote sans couverte. Peinture brune.

Sur la panse, quatre cercles fins. Sur l'épaule, une guirlande étroite de feuilles jumelles stylisées; entre deux cercles fins, une guirlande de lierre festonnante avec fruits; à la base du col, une guirlande de feuilles stylisées.

Au-dessous, l'inscription peinte:

MHΘYCION

Le mot est nouveau, mais l'on voit à quelle racine il doit être rattaché. L'emploi de η pour ε est une faute assez commune (cf. Watzinger, *Athen. Mitteil.*, 1901, p.4). Μεθύσιον peut être pris soit pour le nom du vase, soit pour un nom de courtisane, tiré de μέθυσος, « ivre » ou « qui aime à s'enivrer »; soit encore pour un impératif aoriste, mal orthographié.

Athen. Mitteil., 1906, p. 371.

52 *Athènes, Musée central* (sans numéro d'inventaire).
Panse haute. Col évasé, ressaut à l'embouchure. Anse torse.
Moulure au bas du col.
Terre chypriote, sans couverte.
Sur la panse, trois cercles parallèles. Sur l'épaule, un autre
cercle et une guirlande très stylisée.

53 *Musée impérial ottoman*, n. 572.
Panse très massive. Col bas.
Cercles parallèles à l'épaule.

54 *Musée impérial ottoman*, n. 1518.
Anse torse. Col à large rebord profilé.
Couverte terne et mince.
Cercles parallèles à l'épaule.

55 *Musée impérial ottoman*, n. 1519.
Même forme et même décor.

56 *Musée impérial ottoman*, n. 1544.
Pied large; épaule bombée.
Belle couverte lustrée.
Guirlande de lierre festonnante.

57 *Musée impérial ottoman*, n. 1585.
Même forme et même décor. Couverte moins épaisse.

58 *Smyrne, École évangélique.* — Haut., 0ᵐ08.
Pied large, panse écrasée.
Terre rouge pâle. Mauvaise couverte.
Trois cercles parallèles à l'arête de l'épaule.

58ᵃ *Larnaca, Collection Pétraris.*
Neuf lagynoi d'une fabrication assez peu soignée.
Terre jaune clair. Pas de couverte. Peinture brune ou rouge.
Guirlandes de lierre et cercles parallèles.

58[b] *Larnaca, Collection Piéridis.*

Pied large; épaule bombée. Anse torse. Col évasé.

Terre brune. Pas de couverte. Peinture brune.

Cercles parallèles; ligne de points au bas du col et à l'arête; sur l'épaule, quatre poissons. Sortes de godrons au haut et au bas du col.

Égypte.

59 *Stuttgart, Museum vaterländischer Altertümer* (acheté à Alexandrie; probablement trouvé dans le Delta). — Haut., 0^m 17.

L'anse et le haut du col sont brisés.

Terre jaune rouge; plutôt rouge sous la panse; plutôt jaune au-dessus. Pas de couverte. Peinture rouge sombre, brillante.

Cercles à l'arête de l'épaule. Au-dessus, guirlande rectiligne avec feuilles accouplées.

Sur l'épaule est peinte l'inscription :

ΚѠΜΟϹ

60 *Athènes, Musée central* (sans numéro d'inventaire).

Panse bombée; arête de l'épaule arrondie. Col bas.

La couverte est analogue à celle qu'on voit sur les vases précédents; mais cet exemplaire a été repeint de nos jours, de façon fantaisiste, et il ne reste plus trace du premier décor.

Cyrénaïque.

61 *Louvre,* n. 141. — Haut., 0^m 16.

Épaule tombante et peu bombée. Embouchure brisée.

Terre rouge pâle. Couverte plâtreuse et détériorée. Peinture brune tournant au rouge clair.

Cinq grandes oves, alternant avec cinq dards.

62 *Louvre*, n. 142. — Haut., 0ᵐ 16.

Panse basse; épaule bombée, avec arête très aiguë.

Terre rouge pâle. Couverte mince et peu brillante. Peinture brune tournant au rouge orangé.

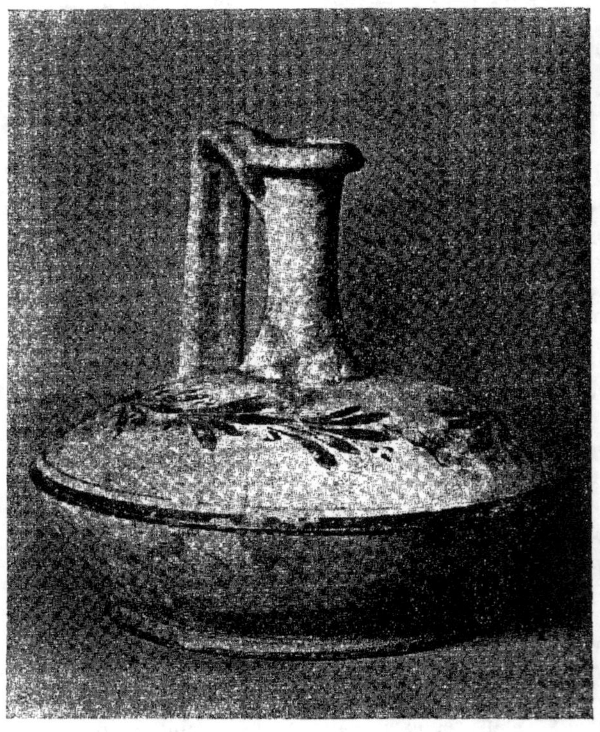

N° 62

Couronne de laurier, faite de deux rameaux, que sépare, du côté opposé à l'anse, un ornement en losange.

63 *Louvre*, n. 143. — Haut., 0ᵐ 15.

Col bas. Épaule légèrement bombée.

Terre rouge brique. Belle couverte.

Deux rameaux d'olivier formant couronne sur l'épaule du vase.

64 *Louvre*, n. 144. — Haut., 0^m14.

Col massif. Anse épaisse. Pied bien marqué, par un fort ressaut.
Terre pâle. Couverte plâtreuse.

Guirlande de feuilles, assez grossièrement tracées, qui ne
sont point réunies par une tige.

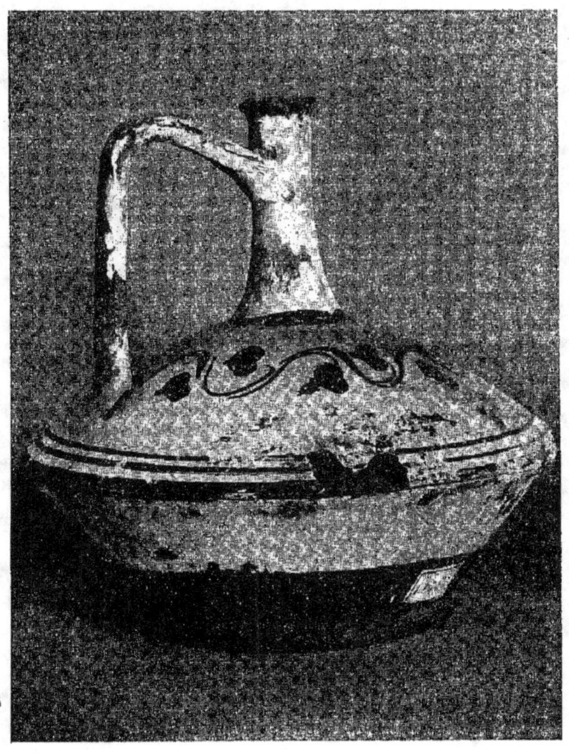

N° 65

65 *Louvre*, n. 145. — Haut., 0^m19.
Terre rougeâtre, très fine. Peinture sombre.
Guirlande de lierre festonnante.

66 *Louvre*, n. 146. — Haut., 0^m22.
Épaule et panse bombées. Col haut.

Terre fine et pâle. Couverte un peu terne, mais résistante.

Trois couronnes nouées de lemnisques, alternant avec une cithare et son plectre, et une syrinx à neuf tubes.

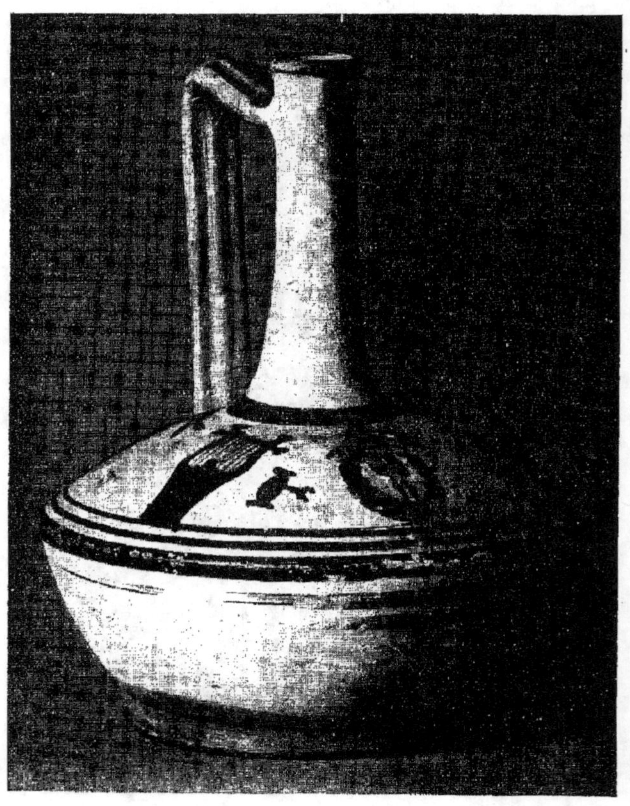

N° 66

67 *Louvre*, n. 147. — Haut., 0ᵐ.10.

Col bas et cylindrique. Épaule légèrement bombée.

Terre rouge, friable. Couverte assez terne.

Trois couronnes nouées de lemnisques, alternant avec une syrinx et un filet ovale.

68 *Louvre*, n. 148. — Haut., 0ᵐ 19.
Épaule légèrement bombée, avec arête aiguë.
Couverte assez terne. Peinture claire.

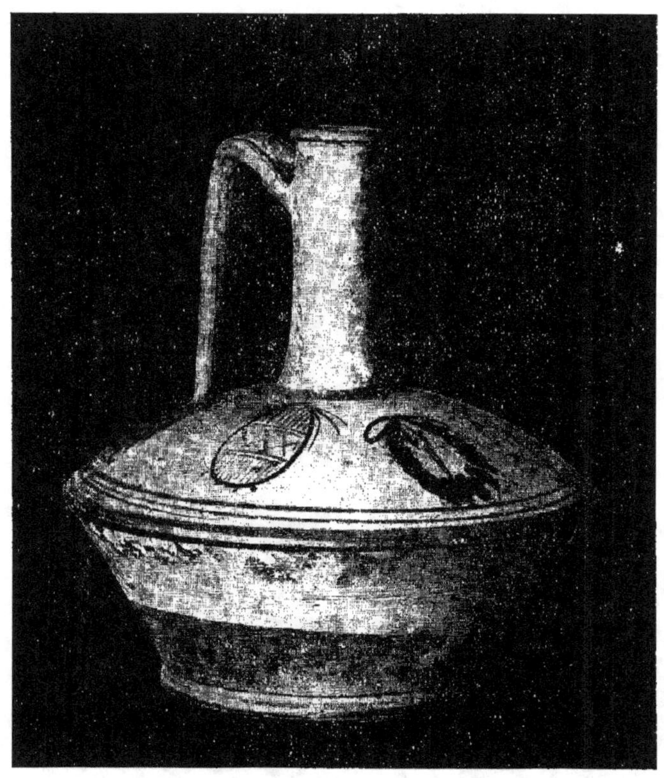

N° 67

Trois couronnes nouées de lemnisques, alternant avec un
lagynos et une amphore pointue.

69 *Louvre*, n. 149. — Haut., 0ᵐ 15.
Belle couverte brillante.
Trois couronnes nouées de lemnisques, alternant avec un
filet ovale, un trigonos, un lagynos.

70 *Musée Britannique*, F 5ɪ3.

Panse basse, épaule bombée. Anse remontante.

Quatre couronnes ornées de lemnisques, alternant avec un trigonos, un filet ovale, un lagynos.

Zahn, *Priene*, p. 4oo.

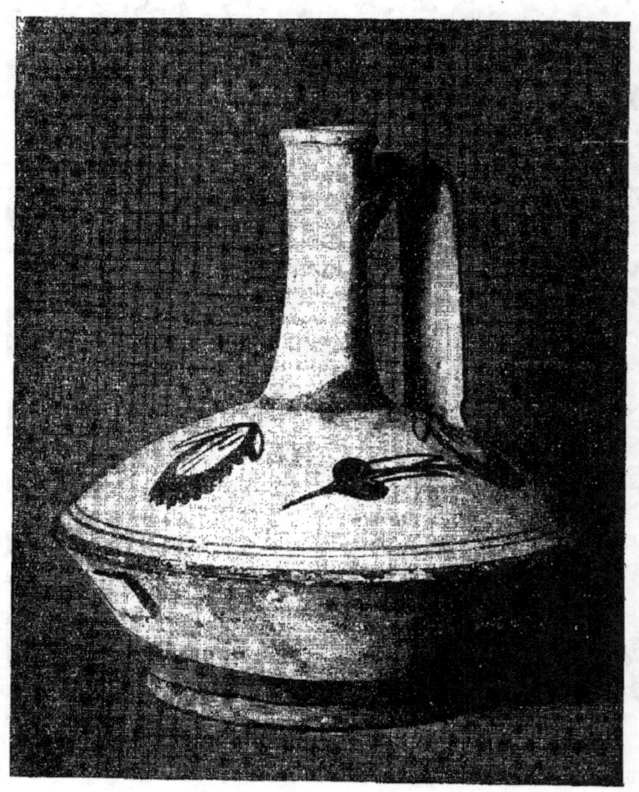

N° 68

71 *Musée Britannique*, F 5ɪ4.

Panse basse; épaule bombée. Col court. Anse remontante. Belle couverte.

Trois couronnes, nouées de lemnisques, alternant avec trois palmettes à lobes recourbés.

72 *Musée Britannique*, F 5i5.

Panse bombée, épaule plate et col haut.

Très belle couverte, étendue sur toute la surface du vase.
Peinture brune très sombre.

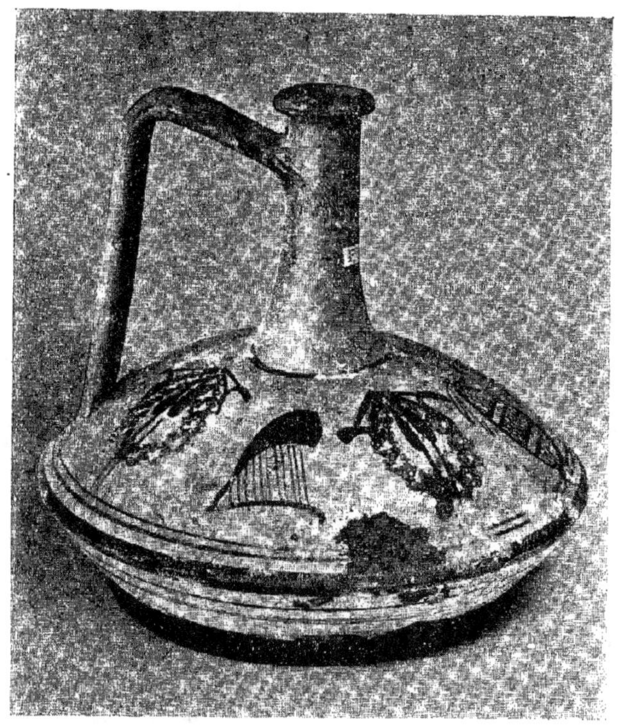

N° 70

Le décor est d'un dessin abrégé et négligé. Guirlandes atta-
chées par des lemnisques, alternant avec des objets indistincts,
peut-être des glands, suspendus par couples.

Zahn, *Priene*, p. 4oo.

73 *Musée de Candie*, n. 542. — Haut., o^m 173.

Panse massive.

Terre pâle. Peinture sombre.

Guirlande de lierre festonnante.

74 *Musée de Candie*, n. 543. — Haut., 0^m 15.
Pied étroit. Col court.
Terre pâle. Peinture brune.
Guirlande de feuillage stylisée et rectiligne.

75 *Musée d'Alexandrie*, n. 40.
Pied large et col haut.
Couverte épaisse. Décor effacé.

Malte.

76 *Musée de La Valette*.
Col assez bas et large. Anse très éloignée du col.
Guirlande de feuillage, relevée par des lemnisques noués.
A. Mayr, *Aus den Nekropolen von Malta* (*Sitzungsb. d. Akadem.
d. Wissensch. z. München*, 1905, IV, t. II, 2).

Italie méridionale.

77 *Musée de Vienne*, n. 594. — Haut., 0^m 20.
Panse haute et bombée, épaule plate. Col haut.
Couverte détériorée, qui recouvrait toute la surface du vase.
Guirlande de feuillage, relevée çà et là par des lemnisques
noués.
Masner, *Catal.* n. 594. — Zahn, *Priene*, p. 400.

Tarente (?).

78 *Rome. Collection Helbig*.
Petite œnochoé à col bas ; épaule bombée.
Le vase est entièrement recouvert de concrétions calcaires,
mais on distingue à l'arête de l'épaule des traces de couverte et
de peinture brune.

Tunisie (Nécropole de Gouraya).

79 *Musée de Cherchell.*

Pas de couverte. Sur l'épaule, une guirlande de feuilles stylisées, rectiligne.

Musées d'Algérie, Cherchell, p. 74.

Provenances inconnues.

80 *Athènes, Musée central* (vases trouvés dans le navire sombré de Cerigotto).

Cinq lagynoi à peu près intacts. L'un, qui présente la forme et les dimensions des plus beaux vases de notre série, garde, cachés sous des concrétions calcaires, une couverte et un décor peint. Trois autres sont plus grands et de profil plus arrondi. Un cinquième tend vers la forme sphérique. Ces quatre derniers n'avaient peut-être pas de décor peint.

Staïs, *Les découvertes d'Anticythère,* p. 14, fig. 6.

81 *Athènes, Musée central,* n. 2298. — Haut., 0ᵐ14.

Guirlande de feuillage, faite de rameaux symétriques à feuilles accouplées.

82 *Athènes, Musée central,* n. 2299. — Haut., 0ᵐ12.
Belle couverte.

Trois couronnes nouées de lemnisques, alternant avec un trigonos et un lagynos.

Zahn, *Priene,* p. 400.

83 *Athènes, Musée central,* n. 2373. — Haut., 0ᵐ12.
Panse écrasée. Col très court. Anse remontante.

Trois couronnes nouées de lemnisques, alternant avec une flûte de Pan, un filet ovale, un lagynos.

Zahn, *Priene,* p. 400.

84 *Athènes, Musée central*, n. 11747. — Haut., 0ᵐ 17.
Peinture rouge orangé d'un ton uniforme.
Guirlande de lierre festonnante, sans fruits.

85 *Athènes, Musée central*, n. 11748. — Haut., 0ᵐ 18.
Guirlande de feuillage relevée par des lemnisques noués.

86 *Smyrne, École évangélique*, n. 54. — Haut., 0ᵐ 145.
Pied large, panse écrasée. Anse torse.
Couverte mince et terne. Peinture brune.
Cercles parallèles à l'épaule.

87 *Smyrne, École évangélique*, n. 76. — Haut., 0ᵐ 13.
Pied large. Anse torse.
Terre rouge pâle. Couverte médiocre. Décor très effacé.
Guirlande de lierre festonnante.

88 *Marseille, Musée Borély*.
Panse bombée, épaule plate.
Deux couronnes ouvertes, fixées à leurs extrémités par des
lemnisques. Entre elles, deux dauphins de chaque côté d'une
amphore pointue.

89 *Musée de Berlin*, inv. 4523. — Acquis à Athènes. —
Haut., 0ᵐ 19.
Vase massif, à col court.
Couverte et peinture détériorées.
Trois couronnes nouées de lemnisques, alternant avec une
syrinx et un filet ovale.

2

VASES DE MÊME TECHNIQUE ET DE MÊME STYLE
QUE LES PRÉCÉDENTS, MAIS DE FORMES DIVERSES.

A. *Variantes du lagynos.*

Mélos.

90 *Heidelberg, Universit. Museum.*
Panse sphérique. Pied saillant. Anse remontante. Le vase est assez grossièrement modelé.
Terre rouge brique. Couverte très endommagée et plâtreuse. Peinture brune.
Au milieu de la panse, un large cercle ; au-dessus, zone de languettes rayonnantes. Cercles à la base du col et au pied du vase.
Zahn, *Priene*, p. 400.

Crète.

91 *Musée de Candie.*
Panse sphérique. Anse légèrement remontante.
Terre rouge terne. Couverte résistante et peu brillante. Peinture noire, tournant au rouge orangé.
Au milieu de la panse, un cercle large entre deux paires de cercles fins. Au-dessus, une guirlande d'olivier.

Thèbes.

92 *Athènes, Musée central*, n. 2230. — Haut., 0ᵐ16.
Panse sphérique, légèrement aplatie au sommet. Col bas avec un large rebord profilé.
Terre rouge pâle. Couverte assez mince laissant voir la terre sur une large zone au pied du vase. Peinture noire tournant au rouge orangé.
Au bas de la panse, deux cercles fins. Plus haut, un cercle large entre deux paires de cercles fins. Sur l'épaule, deux couronnes nouées de lemnisques. Entre elles, deux dauphins plongeant terminés comme des lemnisques par des nœuds, et le filet ovale déjà décrit.

Anthédon.

93 *Musée de Berlin*, Inv. 4552, autrefois dans la Collection Rhousopoulos. — Haut., 0ᵐ21.

Panse cylindrique avec épaule sphérique. Col assez court.

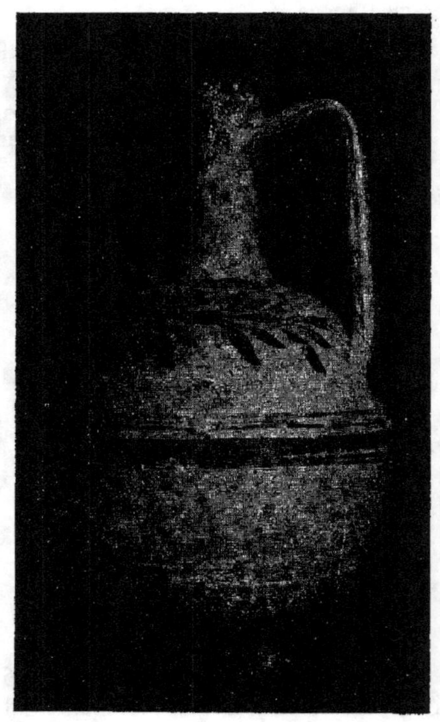

N° 91

Terre rouge pâle, très micacée. Couverte d'un beau blanc d'ivoire. Peinture brune assez sombre.

Au milieu de la panse, un cercle large entre deux paires de cercles fins. Au-dessus, quatre couronnes nouées de lemnisques, alternant avec une amphore pointue, un objet qu'une cassure rend méconnaissable et un oiseau à long cou, posé.

Priène.

94 *Musée de Berlin.* Inv. 3846.
Fragment d'un lagynos à panse sphérique.

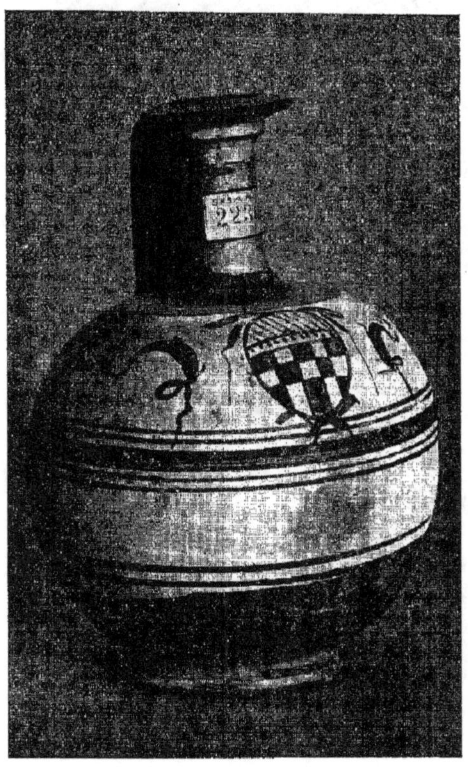

N° 92

Terre rose et fine. Belle couverte épaisse.
Cercles parallèles. Technique très soignée.
Zahn, *Priene*, p. 400.

Russie méridionale.

95 *Musée d'Odessa*, III, 343. — Haut., $0^m 13$.
Panse sphérique. Col haut, avec embouchure profilée.

Belle couverte. Peinture bistre.

Au milieu de la panse, un cercle large entre deux cercles fins.
Au-dessus, languettes ou feuilles rayonnantes.

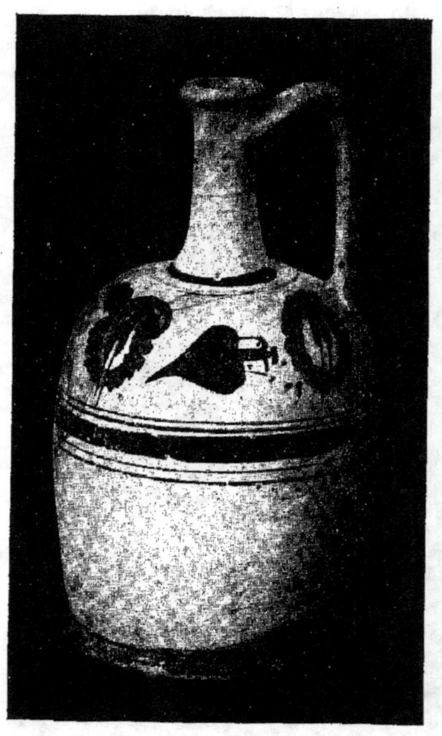

N° 93

96 Autrefois dans la *Collection Vogel*, n. 423. (*Catal.*, p. 46,
fig. 28 b). — Haut., 0ᵐ18.

Panse sphérique, légèrement écrasée à la base.

Terre rougeâtre. Très belle couverte blanche, lustrée.

Pas de décor peint. Exemplaire très soigné et d'un type très
rare. Au bas du col, sur la panse, un cercle en relief.

97 *Musée de Berlin*, Inv. 4944. — Haut., 0ᵐ19.
Panse plutôt ovale que sphérique.

Terre très mêlée de mica. Belle couverte. Peinture nuancée.

Cercles au milieu de la panse. Au-dessus, guirlande relevée par des lemnisques, indiquée par des taches rondes et des traits verticaux.

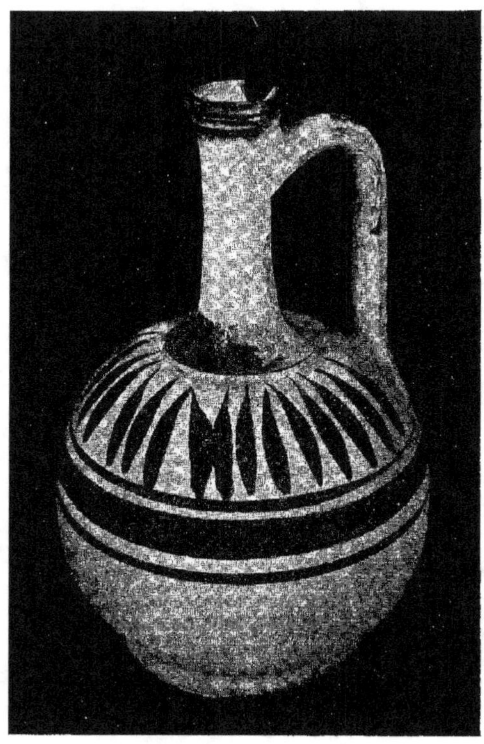

N° 95

Chypre.

98 *Munich, Collection de vases de la Pinacothèque.* (Autrefois dans la Collection Naue, *Catal.*, n. 155, pl. 3.) — Haut., $0^m 19$.

Panse sphérique.

Trois cercles au milieu de la panse. Au-dessus, une couronne nouée d'un lemnisque, un lagynos sur lequel semble s'appuyer une baguette, un filet ovale, une couronne.

Zahn, *Arch. Jahrb.*, 1908, p. 68, n. 52.

Cyrénaïque.

99 *Musée de Candie*, 541. — Haut., 0^m 20.
Panse sphérique.
Terre rouge pâle. Belle couverte.
Sur la panse, au-dessus de cinq cercles parallèles, une tige de feuillage rectiligne.

Provenances inconnues.

100 *Musée de Berlin*, Inv. 5001. — Haut., 0^m 18.
Panse sphérique. Embouchure rapportée.
Terre micacée. Assez belle couverte. Peinture brune.
Trois cercles au milieu de la panse; au-dessus, languettes ou feuilles rayonnantes.

101 *Musée impérial ottoman*, n. 2218.
Panse sphérique.
Couverte assez terne.
Au milieu de la panse, cercles parallèles; au-dessus, languettes rayonnantes. Cercle et rangée de points au bas du col.

B. *Formes diverses.*

Délos.

BRULE-PARFUMS

102 Conservé au *Musée de Délos*, ainsi que les numéros 103-110 (trouvé dans la rue du Théâtre, insula IV). — Haut., 0^m 17.
Brûle-parfums cylindrique. Au sommet, rebord évasé.
Terre rouge pâle. Couverte épaisse et résistante. Peinture brune tournant au jaune orangé.

Au bas et au haut du cylindre, cercles larges entre deux paires de cercles fins. Au milieu, une guirlande de feuillage relevée en festons par des lemnisques noués. Cercles peints sur les moulures du sommet et de la base.

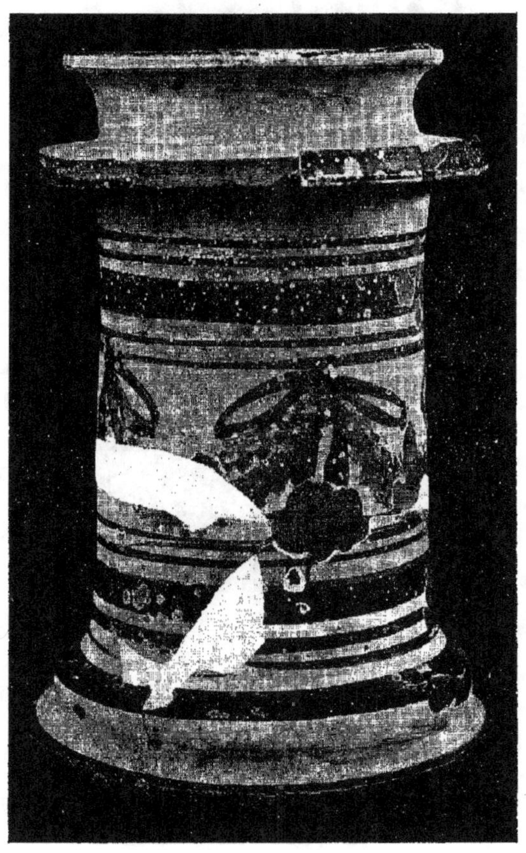

103 (Inv. 6834. — Agora des Italiens.)— Haut., 0^m10.

Brûle-parfums cylindrique. Le pied et le rebord supérieur sont brisés. Au sommet, traces de combustion.

Terre rougeâtre. Couverte épaisse, couvrant toutes les parties visibles. Peinture au rouge orangé vif, d'un ton uniforme.

Au bas et au haut du cylindre, cercles larges entre deux paires de cercles fins. Au milieu, une guirlande de feuilles accouplées, alternant avec des fruits.

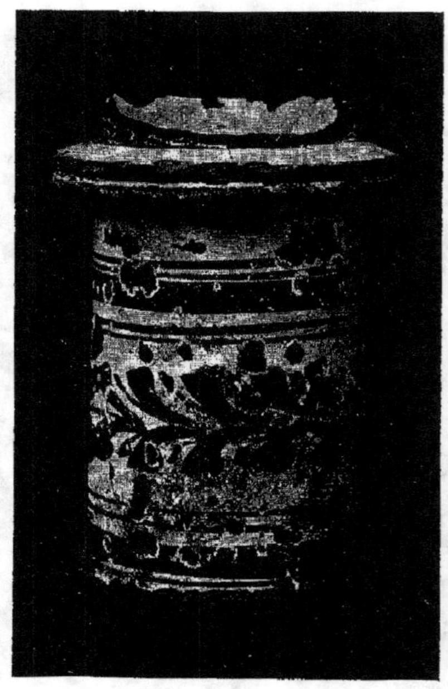

N° 103

104 (Rue du Théâtre, insula II.) — Haut., o^m o7.
Même forme.

Terre rouge terne. Couverte mal conservée. Traces de combustion au sommet. Peinture au brun rouge.

A mi-hauteur du cylindre, deux cercles parallèles; quatre autres cercles sur les moulures du sommet et de la base.

105 (Agora des Italiens.) — Haut., o^m 10.
Même forme.

Assez belle couverte. Peinture brune tournant au rouge clair.
Même décor.

106 (Rue du Théâtre, Insula IV.) — Haut., o^m o8.
Même forme; même décor.

106^a (Rue du Théâtre.) — Haut., o^m o8.
Brisé. Même forme. Tige de feuillages.

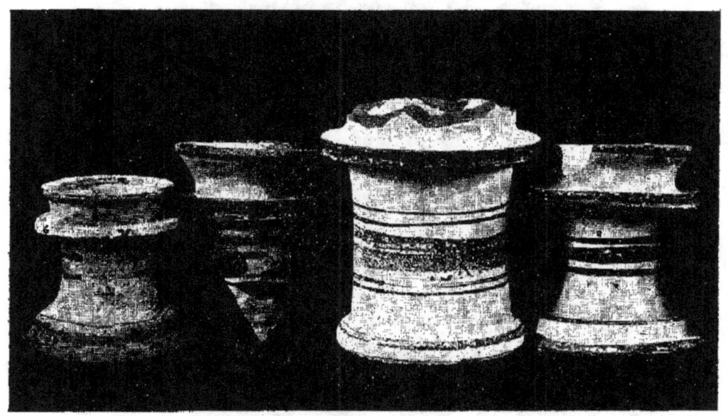

N°s 104, 106^a, 105, 106

107 Fragments d'un grand **cratère à colonnettes**. (Trouvé
au nord du Sanctuaire.) — Haut., o^m 17.
Terre rouge pâle. Couverte jaunâtre, peu brillante. Peinture
brune, tournant au rouge violacé.
Restes d'une guirlande de feuillage, qui courait autour du
col. Cercles parallèles à l'épaule. Des hachures obliques sur les
colonnettes torses.

108 Anse d'un **grand vase**, qui figure en relief un personnage peu distinct, sans doute un petit Hermès. (Trouvée dans
la rue du Théâtre.) — Haut., o^m 097.
La terre est la même que dans la plupart des lagynoi
trouvés à Délos. La couverte blanche, de composition identique,
est très détériorée sur la figurine. Là où elle a subsisté, se voient
aussi des traces de couleur orangée.

109 Couvercle d'une **pyxis**. (Trouvé dans la rue du Théâtre.)
— Haut., 0ᵐ08.

Même qualité d'argile. Très belle couverte, couleur d'ivoire. Peinture rouge orangé. Le décor consiste en des cercles parallèles très soigneusement tracés.

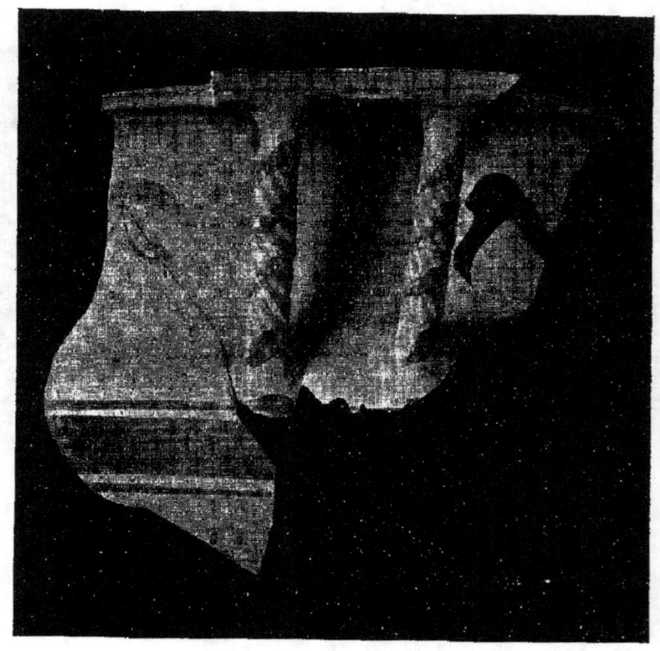

110 (Inv. 7675). — **Vase sphérique**. (Rue du Théâtre, insula IV.) — Haut., 0ᵐ13.

Vase largement ouvert, sans col ni anses; brisé en plusieurs fragments.

La terre rougeâtre, fine et tendre, sans traces de mica, n'a pas reçu de couverte. Peinture brune, allant du noir au bistre.

Au milieu de la panse, une large zone. Au-dessous, deux cercles; un autre au-dessus. Plus haut, deux vases à pied, grossièrement dessinés, qui semblent des coupes.

Pergame.

111 Fragment d'une **coupe profonde**.

Terre rouge pâle. Belle couverte ivoire. Peinture rouge orangé.

Couronne d'épis(?) avec lemnisque. La face intérieure du vase est recouverte d'un vernis marron.

Conze, *Kleinfunde*, pl. IV, 1.

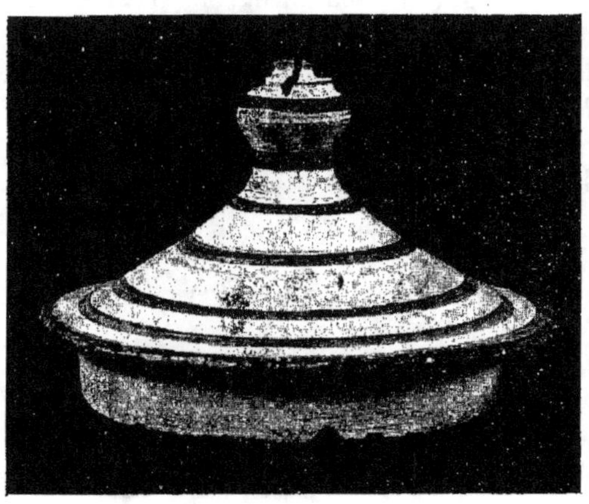

N° 109

112 Partie inférieure d'un **vase cylindrique**, dont le fond était percé comme un crible.

Terre rouge pâle. Couverte d'un blanc jaunâtre. Pas de traces de peinture.

113 Fragment du fond d'un **vase à panse cylindrique** (cf. le n. 4522 du Musée de Berlin). Larg., 0^{m}14.

Restes d'oves, au-dessus d'un large cercle.

114 Fragment d'un **vase cylindrique**.

Terre rouge pâle, mal épurée. Belle couverte.

Zone d'oves. A gauche et au-dessus, restes d'ornements indistincts (palmettes?).

115 Fragment d'un **vase (coupe?) sphérique.**

Terre rouge pâle, très fine. Belle couverte qui recouvre même la face interne du vase. Peinture brune.

Cercles parallèles; au-dessus et au-dessous, restes d'ornements ronds.

116 Fragment d'un vase sans couverte.

La surface de l'argile est seulement polie. Peinture brune. La face intérieure est recouverte d'un enduit brun, tournant au rouge violacé. Ce détail indique qu'il ne s'agit point d'un lagynos à goulot, mais d'un vase à large ouverture.

A l'extérieur, deux cercles parallèles, au-dessous d'un ornement indistinct.

117 Petit fragment de même technique. Cercles parallèles.

118 Fragment d'un **grand vase.**

Terre rouge, assez mal épurée. Couverte de qualité médiocre. Peinture brun olive. Branche avec bourgeons ou fruits, pareils à des glands. Le haut du bourgeon est peint d'une couleur mate épaisse d'un ton analogue à celui de l'argile.

119 Fragments d'un vase de même technique, mais d'une terre mieux épurée.

Cercles parallèles; au-dessus, feuille à cinq lobes.
Conze, *Kleinfunde*, pl. IV, 2.

120 Fragment d'un vase de même technique.

La terre est un peu moins épurée. Oiseaux volants.
Conze, *Kleinfunde*, pl. IV, 3.

Par la technique comme par les motifs, ces trois derniers fragments forment dans notre série un groupe à part et doivent être certainement considérés comme les produits d'une fabrique locale.

Provenance inconnue.

121 *Athènes, Musée central, n.* 348. **Pyxis.** — Haut., o^m15.

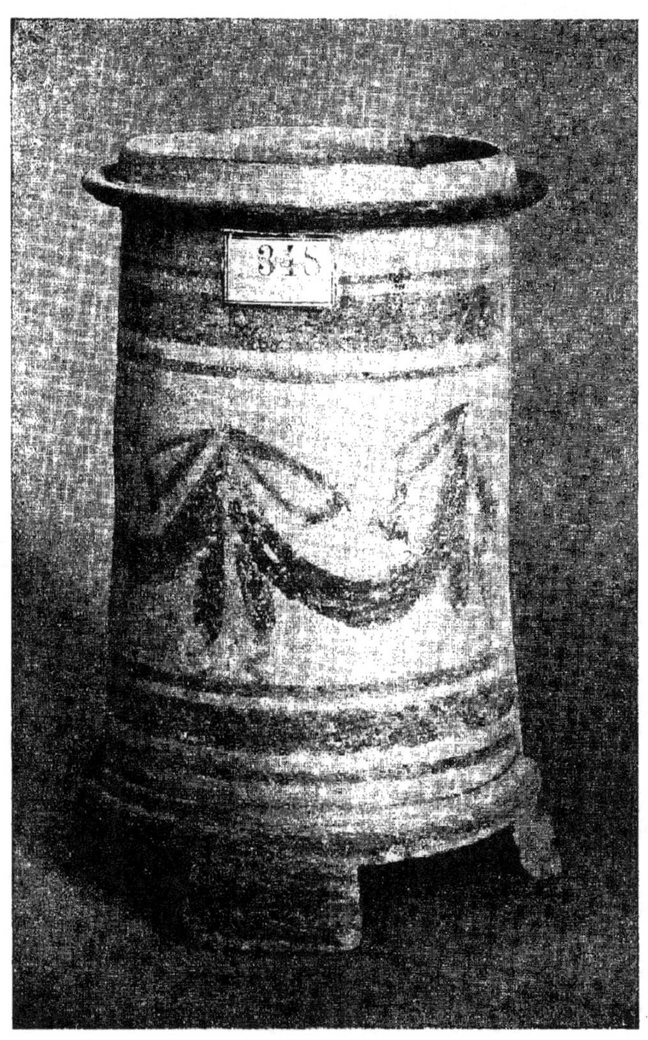

N° 121

Panse en forme d'autel, à trois pieds. Le couvercle manque.

Terre jaune pâle. Couverte d'un blanc terne, violacé. Peinture tournant au bistre.

A la base et au sommet, cercle large entre deux cercles étroits. Au milieu du cylindre, une guirlande, suspendue de place en place à des lemnisques noués.

3

VASES DE MÊME FORME QUE CEUX DU PREMIER GROUPE,
MAIS DIFFÉRENTS PAR LA TECHNIQUE ET LE DÉCOR.

Béotie.

122 *Athènes, dans le commerce.* — Haut., o^m 17.

Panse à pied étroit, avec arête aiguë à l'épaule. Sur le col, à l'attache de l'anse, deux têtes de rivets en relief.

Glaçure rouge, mince et peu brillante.

Sur l'épaule, zone de hachures incisées, rayonnantes. Audessus, cercles concentriques incisés.

123 *Musée de Berlin*, Inv. 3041. — Haut., o^m 22.

Forme assez différente du type moyen. L'arête de l'épaule est très aiguë. La panse est de profil convexe. L'embouchure du col est large et profilée.

Terre rouge sombre fine. Vernis rouge brillant. Décor incisé avec quelques retouches blanches.

Sur le col, ténie, avec pendants, formant feston. Sur l'épaule, à partir de l'arête : deux cercles parallèles ; une rangée de perles les unes en blanc, les autres incisées ; une tige, festonnante, avec des vrilles et des grappes de raisins (retouches blanches); au-dessus, entre deux cercles incisés, la guirlande de lierre ondulante du type ordinaire.

Anthédon.

124 *Musée de Berlin.* — Haut., o^m 26.

Vase connu sous le nom d'*Œnochoé de Dionysos*.

La panse s'élève sur un véritable pied, profilé. Ce trait est commun à la plupart des lagynoi qui imitent des produits de l'industrie du métal. La forme est rendue par là moins lourde et plus élancée. Sur la panse et le col, avec les zones de feuillages et les personnages, apparaissent les ornements habituels de la poterie à reliefs : moulures, oves, perles, etc.

C. Robert, *Homerische Becher (Berl. Winckelm. progr.*, 1890, p. 9³).

Atalanti.

125 *Athènes, Musée central*, n. 2261. — Haut., o^m 19.

Panse large et bombée. Col étroit, évasé par le bas. Sur le col, à l'attache de l'anse, deux têtes de rivets en relief.

Terre rouge pâle, recouverte d'un enduit noir brillant, qui a presque partout tourné au rouge.

Sur l'épaule, cercle de points, imitant un astragale, peints d'une couleur épaisse, rouge pâle; zone de postes incisés entre deux cercles; au-dessus, une guirlande, peinte de la même

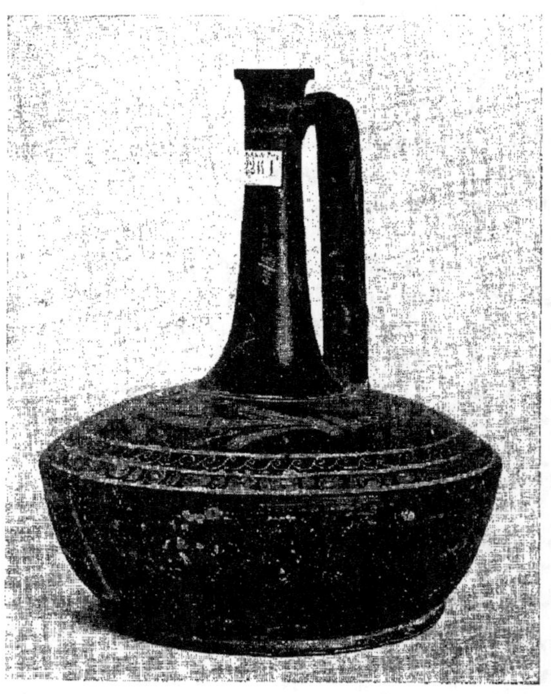

N° 125

couleur épaisse, et figurant des bouquets de feuilles avec fruits. Au bas du col, deux cercles incisés.

Nicole, *Catalogue des vases du Musée national d'Athènes, supplément*, pl. XXI.

Nauplie.

126 *Musée de Nauplie.* — Haut., o{m}13.
Épaule haute et bombée. Embouchure à large rebord profilé; ressaut au bas du col. Pied profilé.

Vernis rouge, assez terne, très détérioré. Décor incisé.
Sur l'épaule, autour du col, guirlande de lierre festonnante; au-dessous, dents de loup, la pointe en bas.

127 *Musée de Nauplie.* — Haut., o^m 11.
Panse bombée; épaule plate. Col évasé. Anse arrondie.
Vernis rouge de qualité grossière, très détérioré.

128 *Musée de Nauplie.* — Haut., o^m 15.
Panse haute. Col tronconique.
Le vase est entièrement recouvert d'un enduit noir, peu brillant et très détérioré.

Madytos.

128^a *Munich, Antiquarium.* — Haut., o^m 23.
Panse basse. Pied assez étroit, décoré de plusieurs moulures. Col haut et mince; embouchure évasée. Anse légèrement remontante; deux têtes de rivets sur le col, à l'attache de l'anse.
Terre rougeâtre, recouverte d'un vernis noir peu brillant.
Sur l'épaule, quatre figures en relief estampées à part : 1° Un silène, vu de face, la tête tournée à gauche, portant sur sa tête et des deux mains une grande corbeille (draperie nouée autour des reins). 2° Une figure féminine (Niké?), marchant vers la gauche, élevant de la main droite une couronne(?) et tenant de l'autre un sceptre (?) (diadème, chiton sans manches, fixé par une large ceinture). 3° Un citharède marchant à la rencontre de la figure précédente (chiton, himation flottant dans le dos). 4° Un silène, nu, à demi-couché sur un âne, marchant vers la gauche; il est vu de face et tient de la main gauche étendue un objet indistinct.
Münchner Jahrb. d. bild. Kunst, 1911, p. 289;
Arch. Anzeig., 1912, col. 127, n. 19.

Myrina.

129 *Louvre.*
Vase très analogue au n° 124, mais moins richement orné.
Pottier et Reinach, *Nécropole de Myrina,* p. 589, n. 592.

Russie Méridionale.

130 *Musée d'Odessa,* Inv. III, 688.

Col haut et tronconique. Anse oblique. Sur l'épaule est dessinée à la barbotine une zone de postes, sur une glaçure rouge
semblable à celle des « terrae sigillatae ».

Dragendorff, *Bonner Jahrbücher,* CI, p. 144, fig. 8.

130ª *Musée d'Odessa,* Inv. III, 123.

A l'arête de l'épaule, un léger bourrelet saillant, qui rappelle
évidemment une soudure. Glaçure rouge épaisse. Zone de postes
incisée avec des retouches à la couleur blanche ; au-dessus, deux
moulures parallèles.

Dragendorff, *Bonner Jahrbücher,* CI, p. 146, fig. 11.

131 Autrefois dans la *Collection Vogel,* n. 450 ; *catal.* p. 49 ;
fig. p. 48. — Haut., 0ᵐ 19.

Panse sphérique, anse remontante. Technique des « terrae
sigillatae ».

132 Autrefois dans la *Collection Vogel,* n. 449 ; *catal.* p. 48.
Réplique exacte du même type.

133 (Disparu?) — Haut., 0ᵐ 21.

Col légèrement conique. Moulure sur le col, à l'attache de
l'anse.

Terre jaunâtre, impure, inégalement recouverte d'un mauvais
enduit noirâtre ; peinture jaune clair. Imitation grossière de la
technique à fond noir et du style dit de Gnathia.

Sur l'épaule, guirlande de feuilles accouplées le long d'une
tige rectiligne. Sur le col, près de l'attache de l'anse, branche
oblique avec feuilles pendantes, ou collier d'amulettes.

Stephani, *Comptes rendus,* 1880, p. 13, supplem. taf. n. 1. —
Zahn, *Priene,* p. 400.

133[a] Autrefois dans la *Collection Vogel*. — Haut., 0ᵐ23.

Pied étroit. Épaule rectiligne, panse profilée en quart de rond.

Terre jaunâtre, micacée; vernis noir; décor en relief (les perles sont posées à la barboline).

Sur la panse, près de l'épaule, zone d'oves ; au-dessous, des ornements en demi-cercles, faits de lignes concentriques et de perles, entourant une sorte de rosace.

Sur l'épaule, au-dessus de deux cercles incisés, est gravée l'inscription

CYNΠΛANOC

σύνπλανος.

Coll. Vogel, pl. VII, 11, n. 251 ; *Arch. Jahrb.*, 1908, p. 68, n. 32. Pour le sens de l'inscription, cf. p. 1 et suiv.

134 *Musée impérial ottoman.*

Le haut du col est brisé. Terre rouge brique, sans couverte. Décor en relief : deux cercles au bas du col et six autres sur l'épaule, près de l'arête.

Sur l'épaule, l'inscription incisée :

AIΛIOC ΠШΛICON

« Αἴλιος, πώλ(η)σον : Ælius, vends (moi) »

C'est le vase qui est censé parler. On notera l'emploi du nominatif pour le vocatif.

Chypre.

135 (Disparu.) Reproduit par Cesnola, *Salaminia*, Londres, 1884, p. 245, fig. 295; p. 246, fig. 296.

Pied étroit et profilé. Panse bombée ; épaule concave. J'ignore où se trouve aujourd'hui ce vase. C'est certainement par erreur qu'il est fait mention dans le texte d'un décor peint en noir. La forme du vase et le caractère de l'ornementation (notamment les

personnages plusieurs fois répétés) montrent assez qu'il s'agit
d'un décor en relief.

Au-dessus du pied, feuilles rayonnantes. Sur la panse : un
trépied; un satyre dansant; deux satyres (?) jouant de la flûte;
deux citharèdes; deux figures féminines assises; trois groupes
composés d'un satyre et d'une ménade.

136 *Smyrne, École évangélique*, n. 78.

Pied étroit, panse haute et bombée. Terre rougeâtre; vernis
rouge, épais et terne. Sur le col, cercles incisés.

Provenance inconnue.

137 *Athènes, Musée central*, n. 2170. — Haut., 0ᵐ24.

La panse est écrasée et d'un faible volume; le col étroit et
haut, avec un rebord plat.

La terre, d'un gris sombre, est couverte d'un enduit noir,
assez brillant.

Sur l'épaule, cinq figures ou groupes de figures, en relief,
moulées à part et rapportées : 1° Silène barbu, portant un vase
sur sa tête; 2° figure de femme incomplète; 3° personnage qui
soutient un silène trébuchant; 4° homme courant; 5° Ménade
tenant des crotales et dansant.

138 *Smyrne, École évangélique*, n. 55. — Haut., 0ᵐ20.

Large pied et col élancé. Épaule plate.

Terre rougeâtre. Vernis noir de mauvaise qualité. Peinture
blanche.

Sur le col, à l'attache de l'anse, collier d'amulettes. A l'épaule,
guirlande de lierre. Au bas du col, cercle incisé.

139 *Musée de Berlin*. Inv. 4881 (acheté à Paris). — Haut.,
0ᵐ16.

Épaule et panse très bombées. Pied haut, profilé. Col évasé.
La panse, séparée de l'épaule, serait un véritable bol mégarien.

Terre brune claire. Vernis rouge brun. Décor en relief.

Sur l'épaule : un cheval et un homme faisant la culbute; un guerrier en armes; un Éros chevauchant un dauphin; comme motifs de remplissage, un petit Éros volant et un bucrâne. La

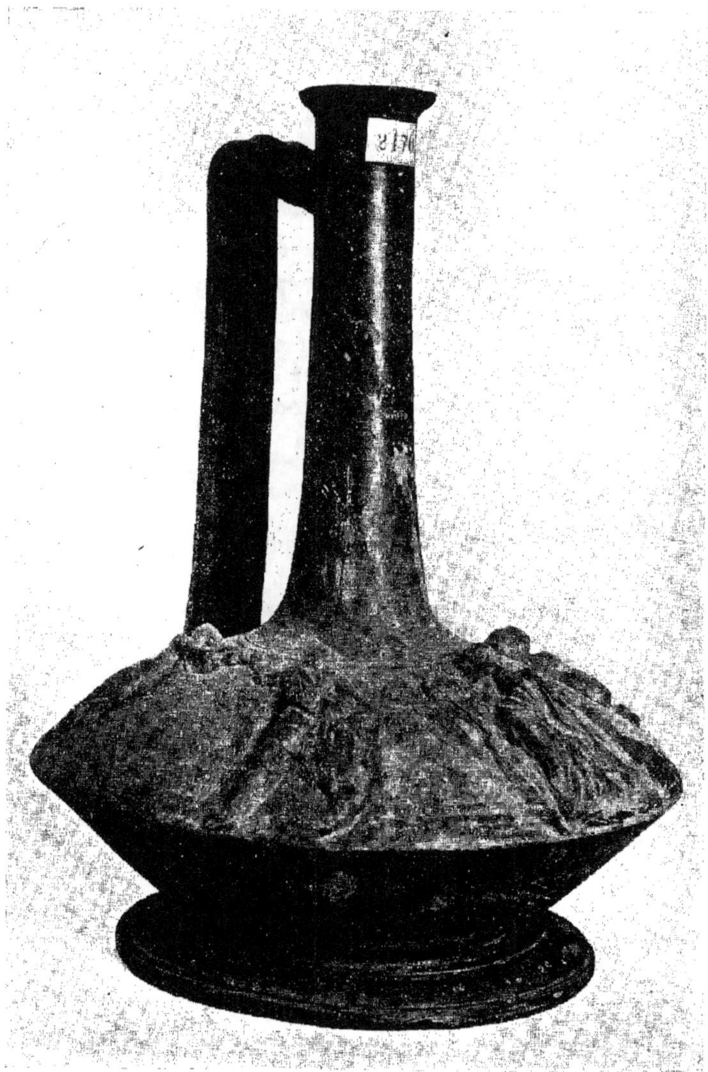

N° 137

même décoration est répétée quatre fois. Les motifs sont assez
mal disposés et visiblement n'étaient pas faits pour être moulés
sur l'épaule d'un lagynos. Au-dessous, un astragale et des
moulures.

Sur la panse, deux zones d'ornements : en haut, une guirlande
posée sur des têtes de taureaux; dans les festons, une amphore,
une tête plus petite, un Éros volant; au dessous, des feuilles
d'acanthe disposées comme sur les bols mégariens; entre elles,
un Éros sur un dauphin, une femme qui court, une Aphrodite
nue tordant ses cheveux.

140 *Musée impérial ottoman*, n. 2089.
Pied étroit; panse haute et bombée; épaule plate.
Terre rouge. Vernis noir terne, pareil à celui de certaines
coupes mégariennes. Décor peint et en relief. Guirlande festonnante, peinte en blanc, à l'épaule. Sur la panse, palmettes en
relief, alternant avec des dauphins; au-dessous, cercles, entre-
lacs, dents de loup et fleurons, en relief.

141 *Musée impérial ottoman*, n. 2091.
Pied étroit et profilé; panse haute; épaule concave.
Terre noire. Vernis noir terne. Décor en relief; à la base, pal-
mettes et feuilles pointues; au-dessus, deux cercles.

142 *Musée du Caire*. — Haut., 0^{m}08.
Col bas avec large rebord.
Terre jaunâtre, sans vernis. Autour de la panse, guirlande
incisée, avec feuilles en cœur.
Arch. Anzeig., 1902, col. 156, fig. 6.

VASES SANS DÉCOR NI COUVERTE

Priène.

143 *Musée impérial ottoman*.
Le pied du vase est assez étroit; la forme, plus élancée qu'à
l'ordinaire.
Priene, p. 422, fig. 539, 3.

Chypre

144 et **144ª** *Athènes, Musée central*, n. 11643 et 11644.

Deux vases, de même forme, où l'arête de l'épaule est très amortie. L'un est en terre rouge de Chypre, l'autre d'une pâte jaunâtre.

Russie méridionale.

145 (Disparu?) Reproduit par Stephani, *Comptes rendus*, 1880, supplem. taf. n. 6.

L'épaule est presque horizontale. La panse a l'aspect d'un entonnoir, avec un pied étroit. L'anse est oblique. Cette variante de la forme habituelle, introduite sans doute par les ouvriers du métal, semble particulière aux ateliers de la Russie méridionale.

Malte.

146 *Dans le commerce à Malte.*

Pied large, col conique. Sans décor ni couverte. Dans les trouvailles de même provenance, plusieurs œnochoés à panse sphérique.

Clermont-Ganneau, *Album d'Antiquités orientales*, pl. XLVIII,3.

Etrurie (Tuscania).

147 *Florence, Musée archéologique.*

Vase trouvé dans la tombe de la famille Vélinia, à Tuscania, avec des poteries du style de Gnathia.

Carthage.

148 *Madrid, Musée archéologique*, n. 12423.

Panse haute, amincie par le bas; épaule bombée; bourrelet autour de l'embouchure. Anse remontante.

Algérie.

149-150 *Musée d'Alger*. Sans indication de provenance.
Deux lagynoi à col court; terre rouge.

Espagne.

151-156 *Madrid, Musée archéologique*, n. 915, 12549,
12407, 12420, 12421, 12548. — Haut., o^m 15.
Terre rose ou jaune pâle. Le n. 12549 est inventorié comme
provenant d'Andujar. Le n. 12407 se rapproche, par la forme,
de certains lagynoi chypriotes.

I

Le lagynos. — Son usage et ses variantes.

On catalogue habituellement sous le nom d'*œnochoés*
les vases du type que nous étudions. Ce nom n'est pas
difficile à justifier, puisqu'il s'agit, à coup sûr, de cruches
faites pour le vin et utilisées dans les banquets. De là
vient que, dans leur décoration, figure souvent, auprès
des lyres, des amphores, des couronnes, la propre image
du vase. Leur caractère bachique est encore clairement
attesté par les deux inscriptions μηθύσιον et κῶμος[1]. Il
faut aussi noter qu'une statue d'époque hellénistique,
souvent reproduite par les marbriers et les coroplathes,
représentait une vieille femme ivre, serrant une semblable cruche dans ses bras. Cette œuvre nous est connue
par deux répliques en marbre, aujourd'hui conservées
au Musée du Capitole et à la Glyptothèque de Munich[2]
(la seconde est figurée ci-dessus, en frontispice). Elle
a, de plus, servi de modèle pour un type de vase plastique, dont il a été retrouvé plusieurs exemplaires[3]. Le
Musée d'Athènes en possède deux, provenant de Skyros
et de Tanagra[4]. Un troisième, recueilli dans les fouilles
de Bulla Regia, appartient au Musée Alaoui[5]. J'en ai

1. N°⁸ 51 et 59.
2. Helbig, *Führer*, I, n. 439; S. Reinach, *Répert.* p. 395, n. 1659; *Abhandl.
der bayerl. Akademie der Wissenschaften*, X, 2 (1865), pl. III, p. 398; Furtwängler, *Ein Hundert Tafeln aus d. Glyptothek*, p. 89; id., *Glypt.*, p. 362, n. 437;
Brunn-Bruckman, *Denkm.*, 394. Je dois à l'obligeance de M. P. Wolters,
directeur de la Glyptothèque, la photographie nouvelle reproduite ci-dessus.
3. Winter, *Terrak. Typen*, II, p. 468, 8.
4. 'Εφημ. ἀρχ., 1891, p. 143 et suiv., pl. 10.
5. *Catal. du Musée Alaoui* (Paris, 1907), p. 145, pl. XXXIII, n. 115.

pu noter deux autres encore, qui sont inédits : l'un, au Louvre, catalogué comme venant d'Italie; l'autre, au Musée de Mykonos, trouvé dans une tombe de Rhénée. On peut avec vraisemblance reconnaître dans ce type statuaire la *Femme ivre* que Pline attribue à un sculpteur du nom de Myron [1]. C'est sans doute de ce Myron qu'on a découvert, à Pergame, une signature sur un monument du second siècle av. J.-C. A Pergame aussi a été recueilli un moule brisé du vase plastique inspiré de la statue [2].

La cruche à panse massive surmontée d'un long col est donc un vase à vin, et le nom d'œnochoé lui peut convenir. Il a pourtant le tort d'annoncer moins la forme de l'objet que sa destination. Le terme *lagynos*, que nous proposons de lui substituer, serait beaucoup plus exact [3].

Il n'apparaît, comme ce type de vase, qu'à une époque relativement basse. Son introduction au vocabulaire latin, sous la forme *lagena*, atteste qu'il était en plein usage au début de l'âge hellénistique. Les plus anciennes de nos cruches appartiennent au IIIe siècle [4]. Les premiers exemples du mot λάγυνος ne remontent pas plus haut que la seconde moitié du IVe. Nous les trouvons dans des textes, cités par Athénée, d'Aristote, de Nicostratos, de Diphilos, de Lynceus de Samos, de Rhianos [5]. Comme

---

1. Pline, *Nat. Hist.*, XXXVI, 33; cf. Helbig, *Führer*, ibid.

2. Ce moule est aujourd'hui au Musée de Berlin. Cf. Zahn, *Priene*, p. 400.

3. Sur les vases nommés *lagynoi*, cf. Letronne, *Observ. s. l. noms de vases*, p. 49; Ussing, *De nominibus vasorum*, p. 36; Krause, *Angeiologie*, p. 236 et suiv.; Jahn, *Berichte d. Sächs. Gesells. d. Wissensch.*, 1857, p. 203; et en dernier lieu, Saglio-Pottier, *Dict. des Antiquités*, s. v. *Lagena* (Couve). Aucun de ces savants n'a identifié avec le *lagynos* le type d'œnochoé dont il est ici question.

4. Cf. p. 26 et suiv.

5. Athen., XI, 499; X, p. 433. On trouve pourtant avant cette époque, dans un vers de Stésichore, toujours cité par Athénée, l'adjectif τριλάγυνος. Le mot λάγυνος n'est donc pas d'invention récente; mais avant le IVe siècle l'emploi en était fort rare, et il désignait, semble-t-il, plutôt une mesure de capacité qu'une forme usuelle de récipient. Aux textes rassemblés par Athénée il faut ajouter les suivants: *Anthol. Pal.*, V. 134, 1; VI, 248, 1; IX, 229, 3; 246, 1;

on le voit, ce sont surtout les auteurs de la comédie
moyenne qui ont parlé du lagynos. Ce vase était alors
l'accessoire indispensable de ces banquets nocturnes ou
champêtres, de ces pique-niques par cotisations, auxquels
font souvent allusion les comiques et les auteurs d'épigrammes[1]. De là le nom de *Lagynion* donné, selon
Athénée, à un célèbre parasite[2].

Le mot λάγυνος, qui est tantôt masculin, tantôt féminin,
paraît formé d'un radical λαγ et du suffixe rare υνος qu'on
retrouve dans κίνδυνος. Les linguistes, qui se sont peu
souciés de savoir quelle forme spéciale de vase il désignait, l'ont rattaché à la même racine que λάγων, *creux,
cavité, récipient*[3]. M. Perdrizet me fait observer que cette
étymologie n'est pas la seule possible, ni même la plus
vraisemblable. Si, comme on va le voir, les vases ainsi
nommés sont toujours des cruches à col étroit et long, le
mot peut être rapproché de λαγαρός, qui signifie parfois
grêle, élancé. En parlant de colonnes, dont les fûts ont
été malencontreusement ravalés et rendus trop minces
pour leur hauteur, Plutarque écrit qu'elles paraissent
διάκενοι καὶ λαγαροί[4]. Du sens de *lâche, non tendu, non rem-
pli*, le terme λαγαρός avait passé à celui de *mince, effilé*.
C'est dans cette acception qu'on l'emploie en parlant
d'un chemin, du cou d'un animal[5]. L'étroitesse du col,

Luc, *Lexiph.*, p. 13; Poll., X, 72; Plut., *Moral.*, p. 822, E.; Suid. et *Etym.
Magn.*, s. v.; dans les papyri, trois exemples cités par V. Herwerden, *Lex. gr.
supplet.*, p. 486 et append., p. 130 (Wilcken, *Griech. Ostrak.*, I, p. 766, n°⁵ 41
et 150; Grenfell-Hunt, *Fayûm Towns*, p. 104, 1, 3; *Aegyptische Urkunden aus d.
Kgl. Musen zu Berlin: gr. Urkunden*, 972. 7).

1. Cf. Legrand, *Daos*, p. 240, et le mot (cité par ce savant) du poète Anti-
phane au roi Alexandre, à propos de ses propres œuvres: «O roi, pour se
plaire à ces choses il faut avoir souvent pris part à des banquets par écot, et
s'être battu plus d'une fois au sujet d'une courtisane.» Cf. aussi les épigrammes de l'Anthologie Palatine dont il sera parlé plus loin.

2. Athen., XIII, 584, f.

3. Prellwitz, *Etym. Wörterb.*, p. 173; Leo Meyer, *Handb. d. gr. Etym.*,
IV, p. 545.

4. Plut., *Poplicola*, 15.

5. Xen., *Equ.*, 1, 8; *Cyn.*, 6, 5.

bien plus que la profondeur de la panse, est caractéristique de nos vases. Si le mot λάγυνος se rattache à l'adjectif λαγαρός il convient tout spécialement à cette sorte de
cruche. Si sa racine λαγ n'avait d'autre sens que *creux*,
cavité, on ne voit guère pourquoi c'est à de tels vases
qu'on aurait réservé cette appellation [1].

Sur la forme et l'usage du lagynos, ce ne sont pas les
textes cités par Athénée, mais des épigrammes de l'Anthologie Palatine, qui nous donnent les plus précises
indications. Trois de ces pièces ont pour auteur le poète
Marcus Argentarius, qui vivait au temps d'Auguste;
elles célèbrent, non sans quelque monotonie, les louanges de ce vase cher aux buveurs, ancêtre de la dive
bouteille.

Une épigramme assez plaisante [2] raconte la triste fin
d'un lagynos. Elle nous montre la haute antiquité d'un
rite dont, aujourd'hui encore, s'accompagne souvent le
banquet champêtre : la lapidation des bouteilles vides.
A la fin d'un pique-nique en plein air, des jeunes gens
ont pris le vase pour cible, et d'un coup de pierre l'un
d'eux l'a mis en morceaux. Marcus Argentarius lui dédie
cette oraison funèbre :

« Tu as été brisé, lagynos, doux ami des buveurs, après que
Bacchus se fut épanché de ton flanc. Une pierre lancée de loin
t'est venue frapper et t'a fait rendre une plainte profonde, fou-
dre que n'avait pas brandi la main de Zeus, mais celle de Dion.
Quand tu fus atteint, il y eut un éclat de rire et des plaisanteries
sans fin et ce fut un grand tumulte parmi les convives. Mais je
ne te plains pas, lagynos, qui venais de mettre au jour Bacchus,
car Sémélé et toi, vous avez eu le même destin. »

1. On connaît trois dérivés du mot λάγυνος : le nom propre Λαγυνίων
(Athen., XIII, 584, f), les mots λαγονίς (Plut., *Moral.*, 822, E) et λαγύνιον qui
désignent sans doute un petit modèle de lagynos.
2. *Anthol. Pal.,* IX, 246.

Dans une autre pièce, le même auteur [1] dédie à Cypris
un vieux lagynos longtemps témoin et compagnon de
ses plaisirs.

Ici, les épithètes descriptives laissent aisément deviner
la forme du vase :

« A Cypris sois consacré, lagynos qui donne l'ivresse titubante ;
sois consacrée dès maintenant, cruche sœur de la coupe necta-
rienne, bacchante aux glouglous humides (ὑγρόφθογγε), convive
du banquet fraternel, cruche au col étroit (στειναύχην), fille d'une
cotisation d'amis, servante spontanée des mortels, chère initiée
aux mystères d'amour, arme toujours prête pour les festins ; sois
la belle offrande de Marcus, qui a dit tes louanges, ô amie du
vin, et t'a dédiée, toi sa vieille compagne dans le comos bachique
(ἀρχαίην σύμπλανον). »

Une troisième pièce, qui est anonyme, semble imitée
de la précédente [2]. Le nom du vase dont il est ici question
n'est pas spécifié, mais on voit dès l'abord qu'il s'agit
d'une cruche identique au lagynos de Marcus.

« Cruche arrondie, bien tournée, à une seule anse, au long
goulot, au col élancé (στρογγύλη, εὐτόρνευτε, μονούατε, μακροτράχηλε,
ὑψαύχην), qui chante par ta bouche étroite (στεινῷ φθεγγομένη
στόματι), joyeuse servante, au doux rire, des Muses et de Cythérée,
aimable échanson du pique-nique, pourquoi, si je suis vide
es-tu pleine, si je suis plein es-tu vide ? Tu méconnais les lois
que l'amitié impose aux buveurs ! »

C'est encore des mêmes noms que dans une autre pièce
Marcus Argentarius salue un lagynos longtemps perdu et
enfin retrouvé [3] :

1. *Anthol. Pal.*, VI, 248.
2. *Ibid.*, V, 135.
3. *Ibid.*, IX, 229.

« Mon vieux compagnon de table, toi qui connais les mesures
à vin du cabaretier, lagynos bavard (εὔλαλε), au doux rire
(πρηΰγελως), à la jolie bouche (εὔστομε), au long col (μακροφάρυγξ). »

Enfin, le même nom de vase se lit encore dans une
courte pièce, un toast en quatre vers, de Posidippos [1] :

« Lagynos de Cécrops, verse, verse abondamment la rosée
bachique... »

De ces divers textes il faut surtout retenir les épithètes
στειναύχην, μακροφάρυγξ, μακροτράχηλος, ὑψαύχην, qui toutes indi-
quent comme trait distinctif du lagynos la longueur et
l'étroitesse du col. Les mots εὔλαλος, ὑγρόφθογγος, πρηΰγελως
insistent encore sur cette particularité, en faisant allusion
au murmure du vin dans le goulot. Enfin l'adjectif
μονούατος nous apprend que le vase était muni d'une seule
anse.

Toutes ces indications concordent avec celles que nous
fournit Plutarque, dans la fable du Renard et de la
Cigogne [2]. L'oiseau offre la pâture à son hôte dans un
lagynos « ayant un col étroit et long, ἐν λαγωνίδι λεπτὸν
ἐχούσῃ καὶ μακρόν τράχηλον ».

A d'autres traits on voit aussi que ce vase était portatif
et d'un maniement commode. Marcus Argentarius l'appelle σύμπλανος, ce qui doit s'entendre « compagnon de
comos, vase que les comastes emportent après le banquet
dans leur promenade nocturne » [3].

Ce néologisme, d'un emploi fort rare, se lit précisé-

1. *Anthol. Pal.*, V, 134.
2. Plut., *Moral.*, p. 822, E.
3. Le mot σύμπλανος, dont tous les exemples se trouvent dans l'Anthologie,
désigne toujours la personne ou la chose qui suit les comastes, ou qui assiste
à leur danse errante (*Anth. Pal.*, V, 191, 2, Κώμων σύμπλανον ὀργάνιον (il est
question de la lune); 165, 2, Κώμων σύμπλανε, πότνια Νύξ; 248, 8, λάγυνον...
ἀρχαίην σύμπλανον).

ment sur l'une de nos œnochoés [1]. M. Zahn, qui l'a publiée, restitue avec raison, d'après la pièce de l'Anthologie σύμπλανος [λάγυνος]. Le nom habituel du vase n'est guère moins clairement indiqué par cette inscription que si l'on eût gravé à sa place le mot λάγυνος lui-même.

Ce qui distingue le lagynos des autres poteries en usage dans les symposia, c'est que chaque convive apporte et emporte le sien avec soi. Il semble remplacer à l'époque alexandrine l'œnochoé, appelée χοῦς, dont se servaient les comastes athéniens au banquet sacré des Anthestéries et sur laquelle, au retour, ils posaient leur couronne de feuillage [2]. Ptolémée Philopator, dévot de Dionysos, avait institué dans Alexandrie une fête copiée sur les *Choes* d'Athènes et qu'on appelait *Lagynophorie* [3]. Un festin populaire y était donné où chacun apportait son lagynos.

Le culte dionysiaque, si répandu à l'époque hellénistique, devait comporter dans plus d'une ville des cérémonies du même genre. Avec leur anse robuste, leur panse bien fermée et leur ornementation bachique, nos vases étaient bien faits pour succéder dans ces occasions au χοῦς attique. On imagine aisément le cortège sacré des comastes portant, ornées de feuillages, ces cruches aux vives couleurs. La guirlande de lierre, qu'on voit si souvent peinte au méplat de l'épaule, imite sans doute la couronne vivante dont le vase était paré dans les jours de fêtes. C'est un procédé habituel à l'art alexandrin que de représenter, en trompe-l'œil, à leur place et dans leurs dimensions vraies, des ornements rapportés tels que des feuillages naturels et des guirlandes de fleurs (cf. p. 119 et suiv.).

M. Zahn, en publiant les lagynoi trouvés à Priène, allait

---

1. n° 134 a, Zahn, *Arch. Jahrb.*, 1908, p. 60, n° 32.
2. P. Foucart, *Le culte de Dionysos en Attique*, p. 116 et suiv.
3. Athen, VII, 276, b. (d'ap. Eratosthènes); Nilsson, *Griech. Feste*, p. 468; Perdrizet, *Bulletin de la Soc. d'Alexandrie*, 1910, p. 16.

jusqu'à croire qu'on avait pu réserver ces vases à certaines
cérémonies du culte bachique. Si l'on songe au grand
nombre et à la dispersion des trouvailles, on pensera
sans doute que telle ne fut pas toujours leur unique
destination. La présence des motifs dionysiaques, qui
abondent aussi dans la poterie à reliefs ou à fond noir,
n'oblige point à voir dans le lagynos un accessoire du
culte. C'était un vase de forme commode et qui devait
trouver son emploi dans les repas de tous les jours. Aussi
bien faut-il renoncer à établir une démarcation très nette
entre l'objet usuel et l'objet sacré. La religion antique
se mêle à tous les actes de la vie. L'idée dionysiaque
n'était jamais absente du symposion. Comme fera plus
tard le christianisme, la dévotion à Dionysos marquait de
ses emblèmes les lampes, les réchauds, les poteries les
plus vulgaires et non pas seulement les accessoires spé-
ciaux du banquet sacré (cf. ci-dessous, p. 114 et suiv.).

Les représentations du lagynos sont fort rares dans
l'art et l'imagerie grecs. Après la statue de Munich, déjà
citée, il faut mentionner une belle intaille en cornaline,
reproduite par Furtwängler[1]. On y voit, au centre, une
tête de mort surmontée d'une couronne de fleurs; à
gauche, une coupe sans pied; à droite, un lagynos; le
tout placé entre quatre osselets dans des positions
diverses. Ce curieux monument de l'art macabre hellénistique trouve son commentaire dans les pièces de l'Anthologie signalées plus haut. Les divers objets représentés
sont autant d'allusions au banquet par écot; le jeu
d'osselets avait naturellement sa place dans ce genre de
fête; il servait à désigner le roi du festin[2], ou celui qui
en devait régler la note. Quant à la tête de mort couron-
née de fleurs, on comprend aisément la signification

---

1. Furtwängler, *Antike Gemmen*, pl. XLVI, 24; t. II, p. 222.
2. Horat. *Carm.*, I, IV, 27.

qu'elle prenait auprès de tels emblèmes. Elle évoque l'idée du néant pour exhorter au plaisir ; c'est le *Jam te premet nox* d'Horace [1].

Dans l'échelle des mesures de liquides, le lagynos, nous dit Athénée [2], valait douze cotyles attiques, c'est-à-dire près de deux litres et demi. Il ne s'ensuit pas qu'on réservât le nom de *lagynos* aux cruches de cette capacité. Le même mot désignait tantôt une quantité de liquide, tantôt une forme de récipient. Le texte déjà signalé de Nicostratos mentionne un lagynos τρίχους, c'est-à-dire d'environ dix litres [3]. Les vases que nous publions sont de tailles fort diverses. En moyenne, ils ne contiendraient guère plus d'un litre. Mais quelques-uns ont une capacité beaucoup plus grande, notamment ceux qu'on a retirés du vaisseau sombré d'Anticythère et celui que tient la *Femme ivre* de Myron.

Les lexicographes mentionnent une variante de ce modèle céramique, le λάγυνος πλεκτή, qu'on désignait aussi par le mot βυτίνη, πυτίνη, φλασκίον [4]. C'était une cruche garnie d'osier autour de sa panse, comme le *fiasco* italien. On peut voir représenté dans une mosaïque du Musée Alaoui un flacon à col étroit, ainsi revêtu d'une garniture en paille tressée [5].

Si naturelle et si commode que cette forme paraisse, elle est exceptionnelle dans l'histoire de la céramique ancienne. Il n'en est pas un seul spécimen qu'on puisse attribuer au Vᵉ siècle ni au IVᵉ. Les maîtres attiques, dont le goût fait loi durant cette période, préfèrent les formes élancées et légères, avec pied surélevant la panse.

---

1. Horat. *Carm.*, 1, IV, 24 ; IV, XII, 26, et bien des pièces de l'Anthologie qui développent le même thème.

2. Athen., XI, 499, b.

3. *Ibid.*

4. Hesych., s. v. βυτίνη ; Suid., Phot., s. v. πυτίνη ; Schol. Aristoph., *Av.*, 718 ; Plin., *Nat. hist.*, XVI, 56, 2.

5. *Catal. du Musée Alaoui*, X, *supplém.* (1907), pl. XV, n° 6, p. 23, n° 279.

Pour lui trouver des analogues, il faut remonter aux débuts de l'industrie céramique. Ce n'est pas le seul cas, d'ailleurs, où l'art hellénistique et l'archaïsme se rencontrent[1].

Des vases à goulot cylindrique, à panse évasée, se montrent fréquemment dans les séries mycéniennes. Les tombes de Thorikos, d'Égine, de Delphes et de Rhodes en ont livré quelques-uns, qu'on pourrait dire identiques à nos lagynoi si le col était un peu plus haut et l'arête de l'épaule un peu plus aiguë[2].

Des types fort comparables se rencontrent encore dans les séries géométriques des Iles, de l'Argolide et de la Béotie. M. Hoppin a décrit et reproduit plusieurs petites cruches de l'Héraion, qu'il attribue à la fabrique argienne et dont la panse, surmontée d'un goulot, se profile de même manière[3].

Un vase semblable trouvé en Béotie a été publié par Böhlau[4]; d'autres ont été recueillis à Théra[5], dans les nécropoles de Sellada et de Messavouno. Le type de nos lagynoi hellénistiques est déjà constitué, dans une petite œnochoé de Théra reproduite par M. Pfuhl[6]. Le col se dégage et s'allonge. Le profil brisé se précise; la panse a sa large assiette et sa vive arête à l'épaule. Dans les mêmes tombes et parmi des céramiques du même style, se trouvent déjà, comme plus tard, au iii° siècle, à

1. Cf. à ce sujet les remarques de Pfuhl, *Neue Jahrb. f. klas. Altert.*, 1909, p. 613 et suiv.

2. Je songe surtout à une œnochoé mycénienne trouvée à Rhodes, et encore inédite, qui est au Musée de Constantinople; cf. aussi Perdrizet, *Fouilles de Delphes*, V, p. 11, fig. 34-36.

3. *The Argive Heraeum*, p. 143, fig. 84, 85; cf. *ibid.*, p. 131, fig. 60, même type avec panse presque cylindrique.

4. *Arch. Jahrb.*, 1888, p. 253, fig. 32.

5. Dragendorff, *Thera*, II, p. 30, fig. 83; p. 71, fig. 243 a. Pour la forme à panse sphérique, cf. aussi, p. 30, fig. 79 et 85; p. 31, fig. 86; p. 75, fig. 269.

6. Pfuhl, *D. archaische Friedhof am St. v. Thera* (*Athen. Mitteil.*, 1903), beilage, XX, 5; cf. XIX, 597; et pour la forme à panse sphérique, IX, 3; XIX, 1; XX, 1.

côté de l'œnochoé à profil angulaire, la cruche à panse
sphérique. Ces deux formes, qu'ignore également l'époque
classique, semblent avoir toujours voisiné.

Les céramiques béotiennes d'une date un peu plus
récente attestent dans le choix des formes la persistance
du même goût. Les vases assez nombreux dont l'œnochoé
de Gamédés est le type ont encore la panse basse, le col
haut et droit [1]. Ils se distinguent des nôtres par certains
détails qui semblent dus à l'imitation littérale des modèles
métalliques. L'anse, plate et mince comme une feuille de
bronze, est soutenue par un tenon et s'élève en crosse
au-dessus de l'embouchure. La panse un peu plus légère,
repose sur un véritable socle.

C'est avec les vases de cette catégorie que disparaît,
pour un temps très long, l'œnochoé à goulot. De toute
la période des figures noires attiques et des figures rouges
il ne nous en est pas parvenu un seul spécimen. Seule
l'*épichysis* de l'Italie méridionale pourrait être citée.
Encore l'analogie n'est-elle que très lointaine.

Dans la forme exacte qu'il revêt à l'époque hellénistique
ce type de récipient semble apparaître pour la première
fois en Chypre, vers le début du IIIe siècle, peut-être
vers la fin du IVe. Les lagynoi chypriotes qu'on a précé-
demment décrits, avec leur décor mi-partie géométrique
et naturaliste, tracé à même la terre, ne sont pas aisément datables. Mais on notera qu'ils rappellent, par la
technique et le style, certaines poteries trouvées en Chypre
dans des tombeaux du IVe siècle [2].

Il n'est pas impossible que cette forme de vase, anti-
pathique aux potiers de la Grèce propre, ait continué
d'être usuelle dans d'autres régions, depuis les temps

---

1. *Bull. d. Corr. hellén.*, 1897 (Couve), p. 444 et suiv., fig. 1, 2, 3.
2. Ohnefalsch Richter, *Kypros*, taf. LXIV, 1 et 3; amphores à figurines,
décorées, comme le lagynos de Berlin, de motifs géométriques et de feuillages
stylisés, disposés par zones sur toute la hauteur du vase.

archaïques jusqu'aux temps alexandrins; qu'ainsi les ateliers hellénistiques l'aient seulement retrouvée et non pas inventée à nouveau. On pourrait admettre qu'elle survivait obscurément dans les ateliers des Iles et de la Grèce orientale, dont les produits, pour toute la période classique, nous sont à peu près inconnus. Ce qui est certain, c'est que le IIIe siècle est marqué par un retour aux formes massives où l'archaïsme s'était complu.

Comme on l'a vu par la troisième partie de notre catalogue, la technique du décor brun sur engobe blanc n'est pas la seule qu'on applique au lagynos. Cette forme se rencontre à maintes reprises dans les céramiques à reliefs et à glaçures. Plus rarement, on la voit ornée de peintures claires sur vernis sombre. Enfin, des vases tout pareils, mais grossiers et sans décor, ont été recueillis en Grèce, en Chypre, en Crimée, à Malte, en Tunisie, et jusqu'en Espagne.

Parmi les lagynoi d'une autre technique que celle du décor monochrome sur fond blanc, les plus dignes d'attention sont les beaux vases à reliefs de Berlin et d'Athènes [1]. L'intérêt de ces exemplaires est de nous montrer ce que devient la cruche à long col entre les mains des ouvriers du métal. Tous, en effet, trahissent l'imitation littérale des modèles métalliques et en sont, à vrai dire, d'adroites contrefaçons. Le profil y gagne plus de légèreté. Le col s'allonge et s'amincit; la panse, posée sur un pied plus haut, est mieux détachée du sol. La décoration emprunte ses motifs au répertoire commun des poteries à reliefs. Elle est plus conforme au goût classique que celle des lagynoi à fond blanc. Elle fait la plus large part aux ornements linéaires et abstraits, oves, filets, astragales, en y mêlant parfois des personnages. Aux reliefs directement moulés sur l'argile du vase, elle

1. N°° 125, 138, 140.

ajoute parfois des figures estampées à part et rapportées.

Le souvenir des vases de bronze ou d'argent n'est d'ailleurs pas sensible que dans nos exemplaires ornés de reliefs ou d'incisions. Il n'est en somme tout à fait absent dans aucun des vases de notre série. La forme du lagynos hellénistique porte la marque de procédés de fabrication inconnus aux simples potiers. Le profil angulaire de la panse, l'arête vive de l'épaule ne s'observent point, à l'origine de la céramique, dans les cruches de terre modelées au tour[1]. Ce profil est au contraire des plus communs dans les vases de métal soudés ou travaillés au marteau. De même, l'anse torse est certainement imitée d'une anse métallique, faite de deux ou trois tiges tordues ensemble ainsi que les torons d'une corde.

Dans la formation d'un type céramique aussi récent, il faut enfin faire sa part à une autre influence, celle de la verrerie[2]. La cruche à goulot cylindrique devient surtout fréquente à l'époque où cette industrie se répand dans les cités grecques. Le vase soufflé offrait naturellement un col droit et long, qui n'était ni bilobé, ni trilobé. Tels de nos lagynoi, avec leur panse basse, bien assise et leur col très élevé, rappellent fort certains vases de verre. Dans un papyrus d'époque romaine, il est fait mention de λαγύνων ὑελῶν μείκρων[3]. On désignait sans doute de la sorte les petites fioles à long goulot, si nombreuses dans toutes les collections de verres antiques.

La cruche à panse sphérique est une variante assez usuelle du type précédent. Elle est représentée dans notre catalogue par douze exemplaires. Il y a peu de chose à dire de cette forme. Elle n'est pas spéciale aux ateliers

---

1. C'est la seule différence notable entre le lagynos hellénistique et ses prototypes mycéniens. Dans ces derniers, où rien ne dénote l'imitation du métal, l'épaule présente toujours une arête très amortie.
2. Kisa, D. *Glas im Altertum*, III, formentaf., D, 245, 246.
3. Grenfell-Hunt, *Fayûm Towns*, p. 104, 1, 3.

hellénistiques qui pratiquaient la technique de l'engobe blanc. On lui trouverait des analogues à diverses époques et dans plusieurs séries. Mais elle est si peu caractérisée qu'on peut mettre ces rencontres sur le compte du seul hasard. Notons cependant ce fait, dont nous pourrons plus tard, en le rapprochant d'autres observations, tirer un indice : les vases sphériques à goulot sont nombreux à toutes les époques dans les séries chypriotes[1]. On remarquera aussi que la diffusion de l'industrie du verre put contribuer à répandre cette forme. La cruche ronde à goulot n'est autre chose que le ballon de verre tel qu'on l'obtient par la seule opération du soufflage[2].

1. Cesnola, *Salaminia,* pl. XIX, 2, 17; Ohnefalsch Richter, *ibid.,* pl. CXXXVII, 3, 4; CLXXII, 17.
2. Kisa, *ibid.,* III, formentaf., A; D, 208, 212, etc.

II

LA TECHNIQUE.

Les vases des deux premiers groupes, qui sont pour la technique sinon tout à fait identiques, du moins fort analogues, se prêtent aux observations suivantes.

La pâte est en général d'une teinte rouge brique, assez foncée. Médiocrement fine et homogène, elle est dure à rayer au couteau. Pour le grain et la pureté, elle ne peut être comparée à celle de la fabrique attique. L'opération du pétrissage semble surtout avoir été négligée.

Sur la provenance des argiles employées, il n'est guère possible de donner des précisions. Ces argiles sont d'apparences et de qualités très diverses. Dans les seuls exemplaires de Délos, on peut noter au moins cinq espèces de terres. Presque toujours des grains de mica s'aperçoivent à la cassure, comme c'est en général le cas pour les produits des fabriques insulaires.

Le lagynos à profil angulaire est façonné en trois pièces : la panse, le col, et l'anse. Il n'y a jamais de soudure à l'épaule. La soudure du col, par contre, est visible sur plus d'un vase. Dans le lagynos à panse sphérique, le goulot seul est façonné à part. L'anse, presque toujours trifide, semble fabriquée au moule. La qualité des argiles employées et les procédés de cuisson permettaient au potier d'obtenir des parois d'une minceur extrême et par suite des vases fort légers pour leur capacité. A l'épaule, la paroi de la panse n'a souvent que deux millimètres d'épaisseur.

L'enduit blanc n'est pas d'une qualité uniforme dans

tous les vases du premier groupe. Les lagynoi de Chypre et quelques-uns de ceux qui proviennent de la Russie méridionale ont une couverte jaunâtre et terne. Les fabriques de ces deux régions, qui s'appliquaient à contrefaire les produits importés, ignoraient la préparation du bel enduit lustré dont usaient les grands ateliers de la Grèce propre et des Iles. Sur quelques exemplaires de Délos[1] l'engobe blanc fait complètement défaut. La surface de la terre est seulement mais très soigneusement polie. L'argile étant très peu cuite, son aspect n'est pas beaucoup plus sombre que celui de l'engobe laiteux, et le décor brun se détache sur elle assez nettement. La préparation et la cuisson de l'enduit étaient à coup sûr les opérations les plus délicates. Il est naturel que dans les poteries à bon marché on ait tenté d'en faire l'économie.

Par contre, sur certains vases d'une peinture très soignée, cet enduit, d'une finesse rare et d'un bel éclat, a paru si précieux par lui-même qu'on n'a pas jugé nécessaire d'y joindre aucun autre ornement[2].

C'est en général pour des causes accidentelles que la couverte s'est plus ou moins teintée de jaune ou de gris. Originairement, elle était partout d'un blanc nuancé d'ivoire, comme elle apparaît encore sur les vases les mieux conservés. Elle n'a jamais la consistance et les tons plâtreux de l'engobe employé pour certains lécythes funéraires ou pour les hydries alexandrines d'Hadra à décor polychrome. Elle est moins crue, mais plus lustrée, et l'on en pourrait comparer l'aspect à celui de nos faïences.

Le potier posait cet enduit au pinceau, tandis que le vase était en mouvement sur le tour. De là viennent les touches longues et parallèles qu'on peut observer à la

1. N°s 9 et 110.
2. N° 96.

base de la panse, où il arrive fréquemment que la surface de l'argile est imparfaitement recouverte[1].

Le vase, qui subissait une première cuisson avant la
pose de l'engobe, était de nouveau remis au feu avant
de passer aux mains du peintre. Nulle part, en effet, on
n'aperçoit que l'enduit, pourtant liquide, se soit mélangé
à la couleur brune du décor.

Cette couleur est d'une composition évidemment analogue à celle du célèbre vernis attique. Noire à l'état cru,
elle tourne, sous l'action du feu, au brun rouge, puis au
rouge pâle[2]. La transformation se produit plus ou moins
vite, suivant que ce vernis a été déposé sur l'engobe par
touches minces ou épaisses. Les premières pâlissent rapi-
dement, tandis que les autres demeurent tout à fait
noires ou brunissent à peine. Si le vase est alors retiré
du feu avant l'oxydation totale, on obtient un décor
nuancé, dont les tons fort divers vont du noir au
jaune pâle, en passant par le rouge orangé. Si le vase,
soit à dessein, soit par mégarde, reste soumis plus longtemps à l'action du feu, le décor tout entier, même dans
les touches épaisses, tourne au rouge et prend un ton
clair uniforme.

En général, il semble bien qu'on n'ait pas cherché cette
uniformité et qu'on ait au contraire tâché d'arrêter la
cuisson au moment précis où les tons se trouvaient
différenciés par une oxydation inégale. Les ornements
prenaient alors un aspect plus riant et donnaient l'illusion de la polychromie. Il est douteux que les heureux
effets de nuances et de relief, obtenus sur certains de nos
vases, notamment dans les décorations florales, soient
uniquement dus au hasard. Connaissant cette propriété

---

1. Sur l'engobe et la pose de l'engobe dans la céramique antique,
cf. L. Franchet, *Céramique primitive*, Paris, 1911, p. 91.
2. Cf. L. Franchet, *ibid.*, p. 105 et suiv.

de la couleur dont ils faisaient usage, les peintres pouvaient songer à en tirer parti. Ils escomptaient sans doute ces transformations du vernis noir et les provoquaient eux-mêmes par la qualité de la touche. L'exemple le plus heureux de cette peinture nuancée nous est fourni par le beau lagynos du Louvre, qui porte à l'épaule une guirlande d'olivier[1].

1. N° 62.

III

Sauf un petit nombre d'exceptions, la décoration répond à un type uniforme. Elle est sobre et légère. Au
bas de la panse, à l'arête de l'épaule, au pied et au
sommet du col, des cercles parallèles marquent les ner-
vures du vase, accentuent les profils. Les ornements
caractéristiques n'occupent jamais que la surface plane
ou très légèrement convexe de l'épaule. Ils sont de deux
sortes et les lagynoi se peuvent à cet égard classer en
deux catégories distinctes. Le décor est tantôt linéaire,
tantôt, et bien plus fréquemment, naturaliste. Ou bien il
se compose de motifs abstraits et géométriques, tels que
des oves, des languettes, des quadrillés ; ou bien il repré-
sente des feuillages, des animaux, des objets tels que
des lyres, des couronnes, etc. Les deux styles ne se
mélangent que très rarement.

Parmi les vases à décor linéaire, on a pu noter plus
haut un lagynos d'Odessa, un autre d'Heidelberg, un
troisième de Berlin[1], simplement ornés de languettes
rayonnantes. Sur un vase du Louvre et deux fragments
de Pergame se rencontre la zone d'oves[2]. Celle de
postes apparaît aussi à Délos, mais unie à d'autres
motifs. Enfin, un tesson délien nous montre un exemple de ce style géométrique récent (quadrillés, lignes
parallèles, etc.), si fréquent dans la poterie à fond

1. Nᵒˢ 95, 90, 100.
2. Nᵒˢ 61, 113.

noir[1]. Somme toute, l'ornement linéaire reste, dans cette série, exceptionnel.

Il y est d'ailleurs d'un médiocre effet et convient mal à la manière libre et lancée qui distingue ces peintures de vases. Il n'a rien à faire de ces tons nuancés que la qualité du vernis brun permettait d'obtenir et qui donnent parfois un joli relief aux motifs floraux. Au contraire, les vases noirs du style de Gnathia, avec leur décor ténu imitant le métal incrusté[2], s'accommodaient bien du dessin linéaire. Les peintres ne s'y sont pas mépris. A part quelques rares essais, ils s'en sont tenus pour la céramique à fond blanc au style naturaliste.

Des motifs que nous classons sous cette étiquette, les uns sont des images isolées, jetées sur le fond blanc à la manière de culs-de-lampe; les autres, des feuillages, courant à l'épaule du vase, comme une couronne naturelle passée autour du goulot. Parmi les premiers, le plus commun de tous est la couronne de banquet, nouée d'un lemnisque dont les boucles s'écartent et dont les extrémités retombent verticalement. Un bel exemple en est fourni par le fragment de Pergame dont M. Conze a donné la reproduction en couleurs[3]. Détail qu'on retrouve dans la décoration des autels sculptés, le lemnisque n'est pas un simple ruban, coupé à ses extrémités; il a l'apparence d'une longue manche de laine, terminée par deux poches que prolongent deux minces cordons pendants.

Une variante de ce motif consiste dans la couronne

---

1. Les fragments en question, qui ne figurent pas dans notre catalogue, seront publiés et reproduits dans un prochain fascicule de l'*Exploration archéologique de Délos*.

2. Il est certain que le style de Gnathia imite les incrustations métalliques. Cette intention est surtout frappante dans les premiers essais qu'on a faits de ce style, vers la fin du IV⁰ siècle, dans les grands vases noirs dont le col est orné d'une très mince guirlande dorée. *Comptes rendus*, 1865, p. 182 (Ermitage, 605); Musée de Berlin, 2851-2864.

3. N⁰ III, Conze, *Kleinfunde aus Pergamon*, pl. IV, 1.

ouverte, en croissant, et fixée de part et d'autre par deux lemnisques. On trouve enfin le lemnisque noué, seul, sans couronne ni guirlande, ornement comparable au nœud flottant de notre style Louis XVI.

Presque aussi nombreux que les couronnes sont les instruments de musique. D'abord la cithare à caisse haute, à sept cordes, aux bras courts et massifs. Auprès d'elle est une fois figuré son plectre[1]. Puis la flûte de Pan ou syrinx; puis le trigonos, petite harpe qu'on tenait sur les genoux. Détail curieux, la flûte et la cithare, malgré le laisser-aller du dessin, ont toujours sept ou neuf cordes, sept ou neuf tuyaux, ce qui répond exactement aux données des textes concernant la musique ancienne.

Vient ensuite un objet dont il est malaisé de préciser la nature[2], où l'on peut être tenté de reconnaître soit encore un instrument de musique, soit une sorte de filet pour porter les vases et les provisions. Il n'apparaît guère moins fréquemment sur nos lagynoi que la couronne ou la cithare. Sa forme est ovale. Il porte à son sommet un cordon, noué comme un lemnisque. Deux ou trois touches de peinture marquent les saillies à sa partie inférieure. La face visible est remplie, à l'ordinaire, par des hachures qu'interrompt une zone transversale quadrillée. On pourrait songer à l'un de ces instruments de musique, tels que la *magadis*, la *pectis*, l'*épigonon*, qui portaient un double clavier et donnaient pour chaque note deux sons à l'octave[3]. Mais le cadre ovale n'est pas toujours barré de traits verticaux, et c'est là ce qui rend cette explication peu probable. Dans

---

1. N° 66.

2. N°ˢ 1, 67, 70, 92, etc.

3. Cf. Th. Reinach, dans le *Dict. d. Antiquités*, de Saglio-Pottier, s. v. *Lyra*, p. 1449; pour l'*épigonon*, cf. Poll., IV, 59; la *magadis*, Athen., 636, f; Poll., IV, 61; la *pectis*, Athen., 635, f; Pind., *Fr.*, 125 (Athen., 635, d); Plat., *Resp.*, III, p. 399 c.

certains cas, il est quadrillé jusqu'à moitié de sa hauteur,
souvent même sur toute sa surface. Il est possible qu'on
ait voulu représenter une sorte de filet, de sac portatif.
Les peintures à figures rouges nous montrent fréquemment de pareils objets, pendus derrière les convives, aux
murs de la salle du festin. Il s'agirait ici d'un filet d'un
genre spécial, tendu sur une armature rigide[1].

En fait de vases, nos peintres choisissent de préférence
la grande amphore à pied conique où le vin était conservé
dans les celliers, et le lagynos lui-même. Un seul
exemple d'une coupe, un autre d'un canthare se voient
à Délos, sur un spécimen de technique insolite[2].

A ces diverses représentations se mêlent des motifs
marins. Ce sont surtout des dauphins plongeant, parfois
très stylisés et à peine reconnaissables. Une fois aussi
apparaît le trident. Il n'y a nulle anomalie à voir le dauphin rapproché des attributs bachiques. Cet animal,
bienveillant pour l'homme, symbole de la mer calme et
de la bonne traversée, de bonne heure avait été associé
au culte de Dionysos. De là vint que plus tard on fit
intervenir des dauphins dans le mythe récent de la méta-
morphose des pirates[3]. Sans être, à proprement parler,
une divinité marine, Dionysos présidait pour une part
aux travaux de la mer[4]. Le printemps, dont on célé-
brait le retour par la fête des Anthestéries, ne marquait pas seulement, pour les Grecs, le réveil de la
nature, mais la fin du mauvais temps qui éloignait de la
mer les matelots. C'est ce qu'on voulait signifier en pro-
menant un navire sur un char dans la procession de

---

1. Cf. *Catal. of vases of the Brit. Mus.*, IV, pl. X, la bourse ronde, à cordons,
que tient une femme à gauche; *ibid.*, pl. V, fig. 156, le sac que tient un
éphèbe nu à droite.

2. N° 110.

3. Cf. Voigt, dans Roscher, *Lex.*, s. v. *Dionysos*, p. 1088.

4. Cf. là-dessus en dernier lieu, Nilsson, *Archiv f. Religionwissenschaft*,
1908, p. 399 et suiv.

Dionysos. Certaines peintures de vases à figures noires, où le dieu est représenté naviguant sur un vaisseau dont le mât se couvre de pampres, conservent le souvenir de cet usage, commun à plusieurs cités grecques[1]. Le mythe vint plus tard commenter et expliquer ce rite du culte primitif. On voulut que la trière roulante des Anthestéries, le *currus navalis*, rappelât le vaisseau sacré sur lequel Dionysos avait fait route depuis des mers lointaines pour apporter aux Grecs le trésor de ses dons[2]. L'art représenta tout un cortège triomphal du dieu voguant sur les flots. Le thiase bachique se mêla à la troupe des divinités marines. Dans les reliefs hellénistiques, les Tritons furent chevauchés par des Silènes et des Ménades; les dauphins voisinèrent avec les Satyres. Dionysos, en qui se personnifiaient toutes les forces de la nature, hérita des attributs et de l'escorte de Poseidon.

Restent enfin quelques motifs plus rares, mais par l'inspiration analogues aux précédents : la houlette qui n'est peut-être qu'un thyrse sans sa pomme de pin, l'oiseau volant ou posé et la lanterne.

C'est certainement une lanterne qu'a voulu figurer le peintre sur l'un des vases de Délos[3]. L'objet se compose d'une sorte de cage cubique, ayant quatre petits pieds à sa base, et surmontée d'un couvercle en forme de toit. Le tout est suspendu à des cordons ou des chaînettes. A l'intérieur se dresse un petit flambeau. C'est une lanterne toute pareille que tient à la main un petit Éros sur un camée de Berlin[4]. Parmi les lyres, les flûtes, les vases, les accessoires du banquet, la lanterne est bien

---

1. Gerhard, *Auserl. Vasenb.*, 49; Nilsson, *ibid.*

2. Cf. aussi les récits et les monuments figurés relatifs à des victoires navales de Dionysos sur les Indiens ou les pirates. Philostr., I, 19; Luc., *Dial. mar.*, 8, p. 306, et le 39e livre de Nonnos.

3. N° 1.

4. Cf. Pottier-Saglio, *Dict. d. Antiquités*, s. v. *Laterna*, fig. 4340; cf. *ibid.*, fig. 4337, lanterne du même type trouvée à Pompéi.

à sa place. Après le symposion on aura besoin d'elle pour guider dans les rues le comos titubant et pour accompagner chez eux les convives. Nous la trouvons représentée, cette lanterne des comastes, dans une série de monuments dont M. Déchelette a expliqué le sens et qui font allusion comme les peintures de nos vases aux banquets nocturnes[1]. Ce sont des statuettes ou des reliefs céramiques, figurant un tout jeune esclave, en faction devant la porte de la maison où son maître a passé la nuit. Le groom est venu là, muni d'un fanal, qu'il a posé à ses pieds. Tantôt il le tient entre ses jambes, pour se chauffer à sa chaleur, comme à celle d'un brasero. Tantôt il s'est endormi près de lui. Parfois, il l'élève du bras gauche pour éclairer la porte qui s'ouvre. L'esclave à la lanterne, qui se morfond dans la rue et grelotte en attendant la fin de la fête nocturne, est un de ces petits sujets de genre où se complaît le goût alexandrin. Le type en fut créé par les sculpteurs ou les coroplathes à la même époque où les banquets de jeunes gens fournissaient leur thème favori aux auteurs de comédies et d'épigrammes.

Les longues guirlandes, les tiges de feuillage, disposées en couronne sur l'épaule de nos vases, admettent plusieurs variétés. Le modèle le plus commun est celui de la tige de lierre, festonnante, à feuilles alternées, motif très ancien et toujours très stylisé[2].

La guirlande de myrte, d'olivier ou de laurier[3], avec

---

1. *Rev. Arch.*, 1902, t. I, p. 392 et suiv.; *Bull. de la Soc. des Antiquaires*, 1906, p. 308. Le plus ancien de ces monuments est un petit bronze d'Herculanum (Lindenschmit, *Altertüm.*, IV, pl. 64, fig. 8). Les autres sont des œuvre de l'art céramique gallo-romain.

2. N°ˢ 65, 45.

3. Il n'est guère possible, à cause du style rapide des peintures, de préciser la nature de ces feuilles longues et pointues. Etant donné le caractère symbolique et aphrodisien du myrte, on songerait de préférence à cette sorte de feuillage. Le laurier et l'olivier sembleraient moins à leur place dans une décoration d'un caractère dionysiaque.

tige rectiligne et feuilles accouplées, n'est pas parmi les thèmes les plus séduisants. Beaucoup plus gracieuse et vivante est la branche d'olivier aux bouquets de feuilles épanouies [1], ou la guirlande tressée, relevée çà et là par des lemnisques [2].

Sur plusieurs des fragments trouvés à Pergame [3], la décoration florale s'écarte des thèmes habituels. Elle dessine de légers rameaux à feuilles droites, épineuses, un peu comparables à des pousses de pins, et chargés de fruits semblables à des glands de chêne. Ailleurs, c'est un bouquet de feuilles allongées, d'où s'échappe une sorte de tige pointillée en forme de rinceau [4]. Ailleurs, enfin, comme aussi sur un lagynos de Délos, il semble qu'on ait voulu figurer une plante à plusieurs tiges s'élevant du sol en gerbe.

Dans cet inventaire des motifs ornementaux familiers à nos peintres, on en a déjà reconnu plusieurs qui ne leur appartiennent point en propre. Les vases à décor blanc sur fond noir, qui sont contemporains des nôtres et apparaissent dans les mêmes fouilles, puisent maintes fois au même répertoire. Les couronnes, les guirlandes à festons, les dauphins, les feuillages stylisés sont des sujets communs aux deux séries [5]. Il faut noter que dans la seconde ils sont presque toujours associés à des motifs linéaires et géométriques, dont nos lagynoi n'offrent que de très rares exemples.

Les mêmes ornements se répètent sur les hydries funéraires d'Hadra sans couverte, mais distribués d'une autre manière et dans des compositions d'un caractère

1. N° 62.
2. N° 102.
3. N°˙ 118 et suiv.
4. N° 32.
5. Cf. surtout Watzinger, *Athen. Mitteil.*, 1901, p. 75, 77, 80, 82, 83 ; Collignon-Rayet, *Céram. gr.*, p. 329, pl. 13, 2.

assez différent. Là s'observe, comme dans la céramique à fond noir, le mélange des sujets naturalistes aux motifs géométriques et linéaires[1]. Enfin les vases grecs à reliefs, les coupes mégariennes et autres poteries similaires de l'époque alexandrine, connaissent aussi les dauphins plongeant, la cithare, l'amphore, la tige de lierre festonnante[2]. De la syrinx, du filet ovale, de la lanterne et du trident[3], je ne connais pas d'exemples dans la peinture céramique en dehors de notre série.

Si l'on étend la comparaison aux fabriques du ive et du ve siècle, on verra que tels des motifs énumérés plus haut sont des créations passablement anciennes. La guirlande de lierre ou de vigne, aux feuilles alternées, est des plus communes sur les poteries du Kabirion; de même la tige rectiligne de myrte ou d'olivier[4]. Toutes deux sont déjà familières aux peintres de figures rouges, qui en décorent le col des vases, ou les donnent pour encadrement aux scènes de personnages[5]. Enfin, ces mêmes ornements sont de ceux qu'affectionnent les fabricants chypriotes de vases à figurines[6]. Notons qu'ils ne jouent plus ici, comme dans la série attique, le rôle de décor accessoire, mais de sujet principal, et qu'ils figurent, comme sur nos lagynoi, au milieu même de la panse.

Il existe enfin une série céramique passablement ancienne, peu nombreuse et peu étudiée, qui par le style et le choix des motifs présente avec la nôtre d'étroites

---

1. Pageustecher, *Amer. Journ. of Archaeol.*, 1909, p. 387 et suiv.

2. Cf. Zahn, *Arch. Jahrb.*, 1908, p. 60 et suiv.; p. 70.

3. On trouvera plus tard le trident, très stylisé, dans des fresques de Délos, *Explor. arch. de Délos*, II, p. 68 et suiv.

4. Winnefeld, *Athen. Mitteil.*, 1888, p. 412 et suiv., Körte, *ibid.*, 1894, p. 346; Walters, *Hist. of Anc. Pottery*, I, p. 391 et suiv.

5. Cf. Masner, *Samml. ant. Vasen*, 342, pl. VII; De Ridder, *Vases de la Bibl. Nat.*, 824, pl. XXIII.

6. Ohnefalsch Richter, *Kypros*, p. LXIV, n° 7.

analogies. Ce sont des vases de petites dimensions, presque toujours des coupes à omphalos, ornés de dessins blancs ou polychromes, sur fond noir[1]. Les plus anciens spécimens en ont été recueillis dans les remblais de l'Acropole et paraissent remonter au début du ve siècle. Depuis cette date jusqu'au troisième, jusqu'aux débuts du style de Gnathia, la fabrication de cette poterie, sans être jamais très active, ne semble pas s'être jamais interrompue. Ce type de coupe à fond noir s'est conservé d'âge en âge et rien n'est plus difficile aujourd'hui que d'assigner une date précise aux exemplaires de provenance inconnue. Tel vase exhumé avec des tessons hellénistiques ne se distingue pas des fragments livrés par les fouilles de l'Acropole.

Nous retrouvons sur ces coupes les dauphins, les guirlandes de myrte et de lierre, les cithares et les couronnes. Il faut remarquer que ces divers motifs, joints à d'autres d'un genre analogue, tels que des pieuvres, des oiseaux, des proues de navires, sont bien traités dans la même manière que sur nos vases; qu'ils concourent au même effet, qu'en un mot le procédé décoratif est identique de part et d'autre. Les potiers du ve siècle qui peignaient ces coupelles étaient de véritables précurseurs. Ils devançaient de deux cents ans l'évolution du style ornemental.

1. Six, *Gazette archéol.*, 1888, p. 281 et suiv., pl. 28. Coupes trouvées en Béotie et dans les fouilles de l'Acropole. D'autres ont été recueillies dans des tombes hellénistiques de Myrina.

IV

LA DATE ET LE LIEU DE FABRICATION.

Sur ces deux questions, auxquelles il ne peut être donné qu'une réponse assez vague, on nous permettra d'être bref.

L'industrie des lagynoi à fond blanc semble avoir eu, comme celle des poteries du style de Gnathia, une très longue durée. Elle débute, selon toute apparence, dans la seconde moitié du iiie siècle avant notre ère. On a déjà signalé ce fait que des monnaies frappées vers 250 ont été trouvées avec des lagynoi dans des tombes de Taman[1]. La statue d'une vieille femme ivre qui tient un de ces vases dans ses bras, si elle est bien l'œuvre de Myron le Jeune, doit être rapportée à la même époque[2]. D'autre part, dans les lagynoi les plus typiques, le style des peintures est tel qu'on n'en saurait placer la date beaucoup plus haut que la fin du iiie siècle. Ce style diffère déjà passablement de celui des vases béotiens, apuliens, alexandrins à décor noir sans couverte, qui prolongent fort avant dans ce siècle la série du Kabirion[3]. L'abandon des motifs linéaires traditionnels, la manière plus large et plus lancée dénotent une époque plus basse que celle des hydries alexandrines datées, lesquelles s'échelonnent entre 271 et 239[4].

1. Stephani, *Comptes rendus*, 1890, p. 26; Watzinger, *Athen. Mitteil.*, 1901, p. 99, n° 3; Dragendorff, *Thera*, II, p. 237.
2. Cf. ci-dessus, p. 75.
3. Pagenstecher, *Amer. Journ. of Archaeol.*, 1909, p. 391 et suiv.
4. *Ibid.*, p. 415.

Nous savons par ailleurs que le lagynos blanc était
encore un objet usuel près de deux cents ans plus tard.
A Délos, les débris de cette poterie abondent dans les
couches profondes du remblai qui recouvre les maisons
hellénistiques. Il apparaît aujourd'hui que la plupart de
ces maisons ne remontent guère au delà de l'année 100.
La ville que les fouilles mettent à découvert est celle du
premier siècle. C'est seulement à cette époque qu'une
suite de catastrophes la firent peu à peu déserter, qu'elle
fut mise à sac par Ménophane, puis dévastée par les pirates.
Les vases que nous trouvons dans les habitations et qui
faisaient partie du mobilier ne sauraient être d'une date
beaucoup plus haute que celle de ces événements. Ils
nous renseignent sur l'état de l'industrie céramique vers
le milieu du premier siècle avant J.-C.

Une autre constatation nous conduit à une époque plus
récente encore. Le vaisseau submergé d'Anticythère, qui
contenait plusieurs lagynoi, paraît avoir fait naufrage peu
d'années avant notre ère. Le planétaire du bord, sorte de
sextant, dont quelques inscriptions ont pu être déchiffrées,
n'est pas antérieur à l'an 30 av. J.-C. On lit en effet sur
son cadran métallique le nom d'un mois qui ne figure
pas avant cette date au calendrier [1].

La forme typique du lagynos, plus ou moins retou-
chée par des potiers maladroits, se conserva sans doute
pendant longtemps encore dans quelques fabriques provinciales. Un vase du Musée de Constantinople, trouvé
près de Sivas, la reproduit assez fidèlement, bien qu'avec
beaucoup de lourdeur. Il n'est peut-être pas antérieur à
l'époque byzantine. Le décor, fait de motifs linéaires
peints en rouge et en noir sur un engobe blanc, rappelle
surtout les poteries coptes du Musée d'Alexandrie.

---

1. Communication personnelle de M. G. Karo. La lecture a été faite par le
professeur Rehm, de Munich.

Sur le lieu de fabrication, nos données sont encore
moins précises. Il saute aux yeux qu'on ne saurait attribuer une même provenance à tous les vases précédem-
ment décrits. Une telle industrie ne pouvait pendant
près de trois siècles rester le monopole d'un seul atelier.
La technique et le style des lagynoi n'étaient pas de ceux
qui défient l'imitation. Sans parler des vases de Chypre
et de Taman, qu'on reconnaît aisément pour des contrefaçons provinciales, les autres numéros de notre catalogue
doivent à coup sûr se répartir entre un grand nombre
de fabriques. C'est ce qui ressort assez clairement de la
dispersion des trouvailles [1].

Reste à savoir où débuta cette fabrication. Il y a peu
de chances pour que ce soit dans la Grèce continentale,
où les découvertes ont été assez peu nombreuses, mais
plutôt dans quelque cité des Iles. Les plus beaux exemplaires proviennent surtout de Délos, de Mélos, des villes
asiatiques et de Cyrène.

Un indice concordant et moins vague nous est fourni
par l'examen des vases eux-mêmes, de leur forme et de
leur décor. Je n'en exagérerai pas l'importance, mais on
conviendra qu'il n'est pas insignifiant. Le lagynos à fond
blanc est un type céramique en tous points conforme au
goût et aux traditions des potiers de la Grèce orientale.
Tel vase géométrique trouvé en Chypre présente le
même profil angulaire [2]. Les cruches massives à goulot
abondent en tous temps dans les séries chypriotes [3]. Les
types mycéniens, au nombre desquels est cette forme,
ont eu dans les ateliers orientaux une longue survivance.

<hr>

1. M. Watzinger me fait savoir qu'il a trouvé un fragment de lagynos à
fond blanc, en Palestine, dans ses fouilles de Jéricho.

2. Springer-Michaelis, *Handbuch*, 9° éd., p. 81, fig. 191 (cf. aussi le vase
carien, Perrot-Chipiez, *Hist. de l'Art*, V, p. 328, fig. 232).

3. *Ibid.*, fig. 150 ; Murray-Smith-Walters, *Excav. in Cyprus*, p. 72, fig. 125 ;
p. 75, fig. 134.

J'ai vu dans le commerce à Jaffa plusieurs vases sans décor, impossibles à dater, qui provenaient de fouilles locales et présentaient le profil du lagynos. C'est encore un exemplaire du même type, trouvé en Palestine, qu'à dessiné Tissot, dans ses illustrations de la *Vie de Jésus-Christ* (I, p. 163). La technique de la couverte blanche, bien que les Attiques n'aient jamais cessé de la pratiquer, est un peu la spécialité des fabriques insulaires et asiatiques[1]. Par leur aspect général et les tendances d'art qu'elles dénotent, les amphores chypriotes du ive siècle, avec leurs motifs floraux sur fond clair, annoncent nos lagynoi bien mieux qu'aucune série de la Grèce propre[2]. A l'époque alexandrine, c'est une technique et un style tout semblables qu'appliquent à leurs hydries funéraires les potiers égyptiens.

Enfin, la céramique punique, dont le caractère orientalisant n'est pas douteux, connaissait et la forme du lagynos[3] et la peinture sur fond blanc[4]. Nous le savons par des trouvailles faites dans les nécropoles antiques de Tunisie et d'Espagne.

Toutes ces remarques dirigent nos recherches dans la même direction. A défaut de précisions plus grandes, on peut admettre que l'origine de ce modèle céramique doit être cherchée à l'Orient de la Grèce.

---

1. Des vases d'une technique identique à celle des lagynoi se trouvent notamment en Chypre dès l'époque archaïque. *Atlas of the Cesnola Collect.*, pl. 135, 989, etc.

2. Sur l'activité et l'influence des fabriques chypriotes à l'époque hellénistique, cf. Pagenstecher, *ibid.*, p. 398.

3. N°s 148 et suiv.

4. *Comptes rendus Acad. d. Inscr.*, 1912, p. 49 et suiv.

V

LE STYLE DÉCORATIF.

L'ÉVOLUTION DE L'ART ORNEMENTAL A L'ÉPOQUE HELLÉNISTIQUE.

Nous n'avons jusqu'ici parlé de la décoration des lagynoi que pour en cataloguer les motifs. Je voudrais, dans ces dernières pages, en marquer plus précisément le caractère. Elle reflète fidèlement le goût d'une époque et c'est surtout à ce titre qu'elle mérite d'être étudiée. Les procédés, les tendances, le style enfin dont elle témoigne, ne lui appartiennent pas en propre. Ils sont ceux de l'art ornemental hellénistique.

A. *La manière picturale.*

Dès l'abord et avant de considérer le choix des motifs, il apparaît que le style des peintres céramistes s'est notablement modifié entre le ive siècle et l'époque de ces poteries. Les ornements, mis en valeur et à l'aise par un large fond, clairsemés, isolés comme des culs-de-lampe, sont ici tracés, sans esquisse préalable, d'une façon libre et lancée que n'ont pas connue les adeptes de la figure rouge. Cette nouvelle manière mérite vraiment (et elle est la première à mériter) le nom de *picturale*. L'artiste n'a pas cherché à remplir par des teintes plates des silhouettes tracées au trait. Il n'enlumine plus, il peint au sens précis du mot. Il ne se sert pas du pinceau minuscule des potiers attiques, plus fin qu'une plume de métal, mais d'un vrai pinceau de peintre, capable

d'absorber la couleur et de la déposer sur l'enduit en
larges touches, épaisses ou légères. Rien ne ressemble
plus au décor de ces vases que les fresques qu'on pei-
gnait au même temps sur les stucs blancs des maisons
déliennes[1]. C'est, appliqué souvent à des sujets identiques, le même style rapide et large, moins soucieux du
détail que de l'effet à distance. Il semble qu'à cette
époque les peintres de vases abandonnent leur méthode
traditionnelle, cessent d'avoir un style bien à eux pour
adapter à leur art les procédés et l'esthétique de la grande
décoration. Ce caractère de la poterie peinte hellénistique
se manifeste déjà dans les vases noirs à dessins blancs.
Il s'affirme bien plus franchement dans ceux de notre
série, où les ornements, moins menus, n'imitent plus
le métal incrusté.

Ce n'est pas sans inconvénients que la céramique faisait
l'essai d'un genre de peinture propre à de plus vastes
décors. Si de prime abord, avec leurs tons changeants
sur leur fond pâle, ces vases sont d'un aspect séduisant,
la seconde impression leur est moins favorable. Vus de
près (et des vases doivent être vus de près), ils déplaisent
par l'imperfection du travail. On y aperçoit vite des
touches maladroites, des coulées de couleur, des teintes
débordantes, inévitables défauts d'un style destiné à de
plus larges effets.

Nous touchons là sans nul doute à l'une des raisons
qui hâtèrent le déclin de la peinture céramique. La
fabrication des vases peints va cesser, ou peu s'en faut,
au premier siècle avant notre ère, avec celle de nos
lagynoi. Il ne suffit pas, pour expliquer ce fait, de dire
que la mode se prononce alors pour les vases à reliefs.

---

[1]. Cf. notamment pour le rendu des feuillages M. Bulard, *Peintures murales
de Délos*, *Mon. Piot*, 1907, XIV, fig. 24, pl. I, IV, V. M. Fougères me signale
comme exemple du même style une jolie cimaise peinte du temple F à Sélinonte.

Si l'industrie qui avait fait la richesse de bien des villes décline irrémédiablement, c'est que la manière de peindre des Grecs n'est plus telle qu'elle s'y puisse accommoder. La peinture classique avec sa technique très simple, ses tons plats et peu nombreux, son amour des lignes pures, du fini et du détail, convenait à merveille pour la décoration de petits objets, tels que des œnochoés et des coupes. Le dessin chez les Grecs commence, à vrai dire, par la miniature. Les anciens maîtres voyaient petit, enluminaient minutieusement des esquisses très poussées. De là leur réussite dans cet art spécial et menu de la décoration céramique. Lorsqu'on apprit à voir plus grand, à mettre plus d'air dans le décor, lorsque les peintres acquirent cette touche franche et lancée, qui se reconnaît aussi bien dans les fresques de Délos que sur nos vases à fond blanc, ils firent vite l'épreuve que cette manière nouvelle convenait médiocrement à la poterie. Ils n'avaient plus la patience de manier le pinceau fili-forme, d'enluminer soigneusement des dessins minutieux; pour peindre dans le goût de leur temps les vases leur offraient un champ trop étroit. C'est dans la fresque et la décoration murale qu'ils étaient à l'aise, et certainement en progrès sur leurs aînés.

B. Le naturalisme. — Le décor végétal.

A une manière de peindre nouvelle conviennent des sujets nouveaux. Depuis le IVe siècle, le répertoire orne-mental s'est notablement enrichi. A l'ornement inventé succède, ou s'ajoute, l'image de modèles pris dans la nature, de la fleur, de la plante, souvent aussi de certains objets auxquels on a fini par reconnaître une pareille valeur décorative. A divers degrés, la même évolution s'observe un peu dans toutes les branches de l'art. La

tendance naturaliste de l'époque hellénistique est un fait
bien souvent reconnu. Au moins pour ce qui est de l'art
ornemental, il ne faudrait pas s'en exagérer l'importance. A vrai dire, il ne s'agit pas d'une réforme profonde, d'une rupture subite avec la tradition des âges
précédents ; mais plutôt d'une tentative dès longtemps
commencée, qui donne plus d'un résultat heureux, mais
qui ne détourne point l'art hellénique de ses tendances
primitives. Faute d'un autre mot, nous appelons *naturaliste* ce style décoratif des derniers siècles avant notre ère.
Mais on doit se garder de prendre ce terme dans le sens
exact où l'entendent les historiens et les théoriciens
de l'art contemporain. C'est bien rarement que les
œuvres ornementales des maîtres grecs nous donneront
l'exemple d'une étude attentive, scrupuleuse et scienti-
fique du modèle naturel. Leur art se montre naturaliste
plutôt dans le choix de ses sujets que dans la manière
dont il les traite.

Depuis l'archaïsme, les décorateurs hellènes hésitaient
entre les motifs abstraits, inventés, et la reproduction
des formes vivantes. Le goût du décor linéaire paraît être
en Grèce l'apport de l'élément européen, ou, si l'on veut,
dorien. Le style naturaliste est un retour à la vieille
culture égéenne. Presque inconnu à l'origine, on peut
dire qu'il gagne du terrain d'une façon continue. Mais
à aucun moment, en somme, on ne peut parler d'une
renaissance naturaliste. La fin du ive siècle et le début
du iiie ne marquent point à cet égard une date décisive.
Pendant la période hellénistique se poursuit normale-
ment et lentement l'évolution commencée. Les motifs
végétaux par où se manifeste le plus clairement la tendance en question, se font plus fréquents. Ils gagnent
certainement en nombre. J'hésite à dire qu'ils gagnent
en qualité. En tout cas, ils ne parviennent pas à éliminer

l'ornement linéaire traditionnel. Certaines industries d'art continuent de les ignorer. Bien mieux, à cette même époque se place une véritable renaissance du décor géométrique[1].

On est sans doute frappé, si l'on considère l'ensemble des lagynoi à fond blanc, du grand nombre des motifs floraux. On notera aussi qu'ils ne sont plus traités ici comme accessoires et relégués dans les encadrements, mais qu'ils occupent la place d'honneur et constituent, en somme, à eux seuls toute la décoration. A cet égard, nos vases, comme certains autres du style de Gnathia, marquent sur les séries du ive siècle un progrès assez notable dans le sens du naturalisme. Mais combien peu, parmi ces peintures, témoignent d'une observation intéressée du modèle! Je ne vois guère à citer que le beau lagynos du Louvre, où court autour du col une branche d'olivier. En général, on ne saurait dire quelle espèce de feuillage le peintre a voulu représenter; et lui-même ne le savait guère. Presque toujours la branche est d'une raideur métallique et reste un ornement stéréotypé. La guirlande de lierre ondoyante, aux feuilles alternées, devient une sorte de méandre curviligne; elle n'a guère plus de vie qu'une zone de postes. Le décor linéaire s'approprie dès leur apparition les motifs naturalistes et les dépouille de leur caractère. Quand l'initiative d'un maître ou d'une école introduit au répertoire ornemental quelque image fidèle de la plante ou de la fleur, la foule des imitateurs, faute de retourner jamais au modèle, enlève bientôt à cet ornement sa fraîcheur et sa vérité. Les motifs floraux, dont les peintres italiotes du ive siècle ont lancé la mode, perdent dans l'art alexandrin toute apparence de vie[2]. Ainsi déjà, dans l'art archaïque,

1. Watzinger, *Athen. Mitteil*, 1901, p. 85 et suiv.
2. Cf. Watzinger, *Holzsarkoph.*, p. 66.

l'image d'abord exacte de la feuille était devenue ce
froid ornement qu'on appelle la palmette.

Sous le pinceau des décorateurs, les traits de l'animal
et jusqu'à la figure humaine finissent par se déformer.
Les dauphins sur nos lagynoi sont devenus méconnais-
sables. Ils pourraient être pris pour de simples rinceaux.
Dans les fresques de Délos, ou sur les hydries alexandrines, l'homme lui-même est souvent stylisé. Épris à
l'excès des formes légères, les peintres lui donnent une
silhouette d'araignée, étirent ses proportions, exagèrent
la minceur du corps et ne semblent plus voir en lui
qu'un ornement linéaire[1]. Jamais encore, depuis l'époque
géométrique, l'art grec n'avait pris avec le modèle
humain de semblables libertés. Il ne suffit pas de dire de
ces figures étranges, dont le goût survivra dans les styles
pompéiens, qu'elles sont tracées avec négligence et
attestent le déclin de la peinture. Ce qu'elles dénotent
surtout, c'est cette tendance à styliser, innée chez la race
grecque et toujours vivace à l'époque alexandrine. Certains décorateurs se refusent à l'imitation pure et simple
du modèle. La nature n'est pour eux qu'un thème assez
pauvre, sur lequel leur fantaisie aime à broder quelques
variations. C'est ainsi qu'à Pompéi, dans les fresques du
style *d'architecture*, les peintres se lasseront de reproduire l'aspect réel des édifices, pour ne plus figurer que
des palais de féeries, des constructions aériennes infini-
ment fragiles et compliquées.

Cette tendance générale de l'art fait et fera toujours
obstacle aux progrès du style naturaliste. Peintres et
ciseleurs continuent d'ignorer la route des bois et des
champs. Quelques chefs-d'œuvre font exception à la
règle, mais ce n'est pas dans la peinture céramique qu'il

1. Cf. Bulard, *ibid.*, pl. I, V_A.

les faut chercher. Ce sont surtout des vases de métal, tels
que l'admirable skyphos de Boscoreale orné d'un rameau
d'olivier[1]. La céramique peinte ou à reliefs n'a que
bien rarement rendu la plante avec un tel bonheur. Les
coupes mégariennes ne font au décor végétal qu'une
place fort mince. Là se maintient l'ornement linéaire,
l'ove, l'entrelac, l'astragale, la palmette. Les vases à
fond noir font du pampre ou du rameau de lierre un
motif si menu et si monotone qu'il n'évoque même
plus le souvenir d'un vrai feuillage. La branche de myrte
y reparaît aussi, mais non moins rigide et stylisée que
dans la peinture à fond blanc; ce qui est beaucoup dire.
Enfin, c'est dans cette série que se manifeste le plus
clairement ce retour au style géométrique dont il a été
parlé plus haut.

Du moins pour ce qui est de la plante, la tentative
naturaliste n'obtient donc jamais qu'un demi-succès.
Elle ne donne pas aux temps alexandrins tout ce qu'autrefois elle avait semblé promettre. Car déjà le ve siècle,
auquel on devait l'acanthe, avait fait dans ce sens plus
d'un heureux essai. D'une époque encore plus haute est
cette guirlande de lierre ondoyante, que toutes les écoles
d'ornemanistes ont à l'envi répétée. Les décorateurs
ioniens, qui eux-mêmes en avaient trouvé le modèle dans
la céramique mycénienne[2], l'employaient déjà couram-
ment à l'époque archaïque. Rappelons aussi que ces
Ioniens, dans certaines œuvres comme la coupe du
Chasseur d'oiseaux[3], faisaient déjà preuve d'un sentiment
très rare et très délicat des formes végétales.

Dans la lente et partielle évolution de l'art vers la

---

1. Cf. aussi les bijoux d'or trouvés dans les tombes de Crimée, qui imitent
des feuillages. S. Reinach, *Antiq. Bosph.*, IV, 2; *Comptes rendus*, 1861, VI, 4,
p. 145.

2. Furtw.-Lœschke, *Myken. Vasen*, pl. XXI, 152; XXVI, 206; XXVII, 208.

3. Pottier, *Vases du Louvre*, II, F, pl. 68.

nature, s'il y eut un moment décisif où il semble qu'on
découvrit la fleur, ce n'est pas au iiiᵉ siècle, mais au ivᵉ
qu'il le faut placer. Le témoignage des textes est là-dessus
fort explicite et celui des monuments n'y contredit pas.
M. Helbig, à propos des peintures campaniennes, rappelle, et n'a pas tort de rappeler, le goût des Alexandrins
pour les fleurs, le soin qu'on apportait à leur culture
dans l'Égypte ptolémaïque[1]. Mais il n'est pas nécessaire
de descendre jusqu'à cette date pour observer de tels
faits. Ce que Pline rapporte au sujet du peintre Pausias,
atteste une mode toute pareille en Grèce, vers le début
du ivᵉ siècle. Pausias, nous dit Pline[2], s'était spécialisé
dans la peinture des fleurs. Sa maîtresse Glycéra compo-
sait pour lui des bouquets et des guirlandes, dont elle
s'ingéniait à combiner les couleurs et qu'il reproduisait
dans ses tableaux. Cette Glycéra passait pour avoir inventé
l'art de tresser ensemble des fleurs et des feuillages. Il est
de fait que les monuments d'une date plus haute ne nous
montrent pas un seul exemple d'une guirlande tressée[3].
L'exactitude de cette tradition importe d'ailleurs assez
peu. Ce qu'il faut surtout retenir des anecdotes concernant ces deux personnages, c'est qu'on plaçait commu-
nément à leur époque les débuts de la peinture de fleurs.
Le genre auquel Pausias attacha son nom obtint alors
un tel succès que beaucoup y trouvaient à redire. Le
peintre Nicias y voyant un abaissement de l'art récla-
mait le retour aux grands sujets. Il disait que la peinture

1. Helbig, *Camp. Wandmal.*, p. 281 et suiv. (et les textes principaux sur
lesquels il appuie son opinion : Pline, *Nat. Hist.*, XII, 21; Athen., V, 196,
d, e (Callixène de Rhodes); 198, d; 200, c). Cf. aussi Breccia, *Ghirlandomania
alessandrina* (*Musée Égyptien*, III, p. 13 et suiv.).

2. Plin, *Nat. Hist.*, XXI, 3 et 4; cf. G. Leroux, dans Saglio-Pottier, *Dict.
des Antiquités*, s. v. *Serta*.
Sur l'époque de l'activité de Pausias, cf. Six, *Arch. Jahrb.*, 1905, p. 155 et suiv.

3. Le premier exemple d'une grosse guirlande tressée se voit sur un vase
apulien, de style tardif. Cf. Lenormant et de Witte, *Élite céram.*, t. IV,
pl. LXX; *Dict. des Antiquités*, s. v. *Serta*, p. 1058, fig. 6379.

était faite pour représenter des hommes, des batailles,
non pour amuser le public avec des fleurs et des oiseaux [1].

Ce qu'étaient ces tableaux de fleurs du ive siècle nous
avons quelque peine à l'imaginer. Le style floral fantaisiste que nous montrent les derniers vases grecs et italiotes
à figures rouges, n'en peut donner qu'une idée fort incomplète. Ce style témoigne clairement d'une curiosité nouvelle pour la forme végétale, mais il porte déjà la marque
de l'inévitable stylisation. On devine à son origine des
études très poussées faites d'après nature. Mais les copistes
qui reproduisent et se transmettent entre eux ces images,
sans jamais se reporter au modèle vivant, les déforment
chaque jour davantage au gré de leur propre goût et de
leur trop féconde imagination. Rien n'autorise à penser
que des peintres tels que Pausias ne mettaient pas plus
de vie et d'exactitude dans le rendu des types végétaux.
Çà et là dans les décorations, quelques feuillages, traités
avec une vérité qui étonne, laissent entrevoir de quel
réalisme l'art du ive siècle était déjà capable. Qu'on se
rappelle surtout le rameau de vigne sculpté sur le sarco-
phage d'Alexandre [2], rameau qu'on retrouve parfois au
col des vases peints, et certains bijoux d'or du même
temps, tels que la couronne d'Armento [3].

Le décor floral n'est donc pas une innovation hellénistique. Les ateliers du ive siècle léguaient à leurs succes-
seurs le double héritage du répertoire naturaliste et du
répertoire linéaire. Le iiie siècle les accepta l'un et l'autre.
Si l'on considère l'ensemble de ses œuvres, on peut dire
qu'il n'eut pour le premier aucune préférence.

En fait d'ornement copié d'après nature et pris au
monde végétal, le plus nouveau et le plus en faveur à

---

1. Overbeck, *Schriftquellen*, 1826 (Demet., *De elocut.*, 76).
2. Th. Reinach, *Sarcoph. de Sidon*, pl. XXV, 3; XL, 6.
3. Gerhard, *Antike Bildwerke*, I, X; Arneth, *Monum. d. antik. Cab. Wien*,
p. 41, pl. XIII.

cette époque est à coup sûr la guirlande. M. Breccia
dans un article récent parlait de la guirlandomanie
alexandrine [1]. A vrai dire, cette mode ornementale
n'a rien de spécialement égyptien. Elle a régné dans
toutes les provinces du monde grec. Sous ses divers
aspects, festonnante ou rigide, relevée par des lemnisques
ou posée sur des bucrânes, la guirlande apparaît au front
des édifices comme sur l'objet le plus menu. Au dire
de Pline, l'invention du motif et celle de l'objet lui-même
remonteraient à l'époque de Pausias. En fait, le style de
la guirlande n'a sa vogue et sa diffusion qu'à partir du
iiie siècle. Le plus ancien monument qui en porte la
marque est un autel peint de Ptolémée II [2]. Mais bien vite
la guirlande à festons devient, pour toutes les industries
d'art, un motif passe-partout. Nous la trouvons sur nos
lagynoi, comme sur maints vases à reliefs et sur les
poteries du style de Gnathia. On sait aussi l'accueil que
lui feront les décorateurs romains et le parti qu'ils en
sauront tirer, sans la traiter d'ailleurs d'une manière
identique.

Nous verrons plus loin, en parlant de l'illusionnisme,
les raisons qui suggérèrent l'idée de cet ornement et qui
lui valurent sa persistante faveur.

C. *L'objet comme motif ornemental.*
Les emblèmes dionysiaques.

Parmi les thèmes familiers aux peintres de lagynoi,
nous avons cité les couronnes de banquet, les instruments
de musique, les vases à boire; nous avons vu paraître
aussi la syrinx, la lanterne des comastes, le dauphin et

1. *Musée Égyptien*, III, p. 13 et suiv.
2. Musée d'Alexandrie, salle VI.

le trident. De tels motifs sont, dans l'histoire de l'art ornemental, un fait bien plus rare et plus nouveau que la représentation de la plante. Si l'on excepte les petites coupes à omphalos dont il a déjà été parlé, on peut dire qu'ils sont inconnus à l'époque classique. L'idée s'éveilla tardivement que l'image de certains objets pouvait orner une œuvre d'art au même titre que celle de l'animal ou de la plante[1]. Encore ces objets, comme on le verra plus loin, n'ont-ils presque jamais pour unique fonction d'orner. Même à l'époque hellénistique, ils sont les symboles d'une superstition ou d'une idée religieuse. Si le choix de semblables ornements nous paraît aujourd'hui des plus naturels, c'est que l'héritage de l'art alexandrin s'est transmis jusqu'à nous et que nous avons fait accueil à son innovation. Le style Louis XVI, auquel nos yeux sont maintenant accoutumés, procédait de la sorte, jetant ainsi sur des fonds des lyres, des paniers, des flûtes nouées de rubans. Mais le style Louis XVI s'inspirait des modèles pompéiens récemment ramenés au jour et les peintres de Pompéi avaient été les continuateurs des maîtres hellénistiques.

Rien n'est plus hellénistique ou, si l'on veut, plus alexandrin que ce procédé ornemental. Il dénonce chez les décorateurs une tendance dont toutes les productions artistiques et littéraires du même temps portent la

---

1. Cette idée semble déjà poindre dans la peinture céramique du iv⁰ siècle. Sur certains vases encore ornés de scènes de personnages, on voit semés, çà et là, dans le champ du tableau, des objets analogues à ceux dont il est ici question. Ce sont des miroirs, des lemnisques, des coffrets, des éventails, des bucrânes. Ces images n'ont souvent aucun rapport avec la scène principale. Il ne paraît pas que le peintre ait voulu figurer, comme sur telles coupes du v⁰ siècle, des ustensiles pendus aux murs d'une salle. Ce sont, en somme, de véritables *füllmotivs*, des ornements jetés de place en place pour boucher des vides. Le fait qu'on choisit ces objets pour occuper les yeux du spectateur montre qu'on leur reconnaît déjà une sorte d'intérêt décoratif. Quand décline le goût de la forme humaine et des grands sujets, ce sont ces ornements accessoires, avec les motifs linéaires, qui passent au premier plan et qui finalement, restés seuls, constituent toute la décoration du vase.

marque. Comme tous leurs contemporains, les peintres
de vases ou de fresques ont le goût des petits sujets et la
lassitude des grands genres. Tout un livre de l'Anthologie
palatine est fait de courtes pièces où sont dépeints des
objets offerts en ex-voto. Les poètes n'estiment plus que ce
soient là des thèmes puérils et que leur talent s'abaisse en
les traitant. Ce qui naguère eût passé pour un jeu devient
alors un genre littéraire. La même évolution s'observe
dans les arts du dessin. Les motifs que nous étudions ont
un peu leur équivalent dans ces épigrammes. C'est encore
la même mode qui oriente vers de simples objets la
curiosité des peintres et qui enrichit de leurs images le
répertoire ornemental. L'art tout entier se détourne un
peu des grands modèles ; l'art décoratif semble se les
interdire tout à fait. Il renonce, ou très peu s'en faut, à
la figure humaine. On ne peint plus sur les coupes le
cortège de Dionysos, les danses du comos, les divers
moments du banquet. On substitue à ces tableaux les
objets auxquels est associée l'idée de ces fêtes.

Ainsi s'établit une démarcation plus nette entre le
grand art et l'ornementation. Au premier sont réservés
les scènes de personnages, les grands sujets ; à la seconde
les sujets moindres, fleurs, oiseaux, objets dionysiaques.
On aurait tort de voir dans cette évolution une décadence.
A vrai dire, ces derniers thèmes sont bien mieux à leur
place sur des vases que des peintures figurant la prise de
Troie. A l'époque classique, les grands genres imposent
leurs sujets aux arts mineurs, ou bien ceux-ci n'ont
d'autre ressource que les motifs abstraits. Le peintre de
vases n'a le choix qu'entre deux sortes de thèmes : d'une
part, les tableaux de personnages ; de l'autre, les oves,
les postes, les rinceaux et les palmettes. Le iiie siècle voit
naître un style mitoyen qui, sans empiéter sur les grands
genres, sait du moins, par des images évocatrices, signi-

fier des sentiments et des idées. A cet égard, les Alexandrins sont en progrès certain sur leurs aînés et leur art décoratif est mieux adapté à son rôle.

Que se plaît-il surtout à signifier, dans quelle intention fait-il choix de tels motifs plutôt que d'autres, c'est le point qui reste à préciser. Même aux temps hellénistiques il n'y a guère, il n'y a peut-être jamais de décor purement décoratif. A l'origine de l'art, l'ornement est un emblème sacré ou un signe protecteur. Au second siècle avant J.-C., il s'en faut qu'il ait complètement perdu ce caractère.

Les objets qu'on voit peints sur nos lagynoi sont presque tous des attributs dionysiaques. Ces représentations ne sont point spéciales aux vases de cette série ni aux poteries d'un usage analogue. Elles appartiennent au fonds commun de l'art ornemental. La décoration hellénistique peut être dans son ensemble qualifiée de dionysiaque. Mais ce mot prête à confusion et il importe d'en préciser le sens. Ce serait une lourde erreur de croire que le choix presque exclusif de ces motifs est le fait d'une mode artistique, que le goût alexandrin du décor bachique peut être comparé à celui des bergeries dans notre style Louis XVI. Ce serait encore se méprendre que d'en chercher la cause dans un abaissement des mœurs, d'y vouloir trouver l'indice d'une aspiration plus violente vers des plaisirs faciles et peu relevés. Les masques, les lyres, les couronnes de lierre, les amphores n'ont pas à cette époque le sens banal que leur peut donner un artiste d'aujourd'hui. Ce ne sont pas de simples allusions à la gaieté des festins. Ces ornements bachiques sont les emblèmes d'une véritable religion qui n'est pas la religion du plaisir.

Il faut prendre garde qu'on les retrouve jusque dans la décoration des tombes. En Grèce, des canthares et des pampres sont sculptés sur les stèles. Sur les hydries funéraires d'Hadra, les peintres alexandrins imitent des couronnes de lierre ou des rameaux de vigne. Si le culte de Dionysos rallie alors de si nombreux fidèles, ce n'est pas par l'attrait des joies passagères que l'ivresse peut procurer, mais par la promesse d'une autre vie dans un monde meilleur. Il faut reconnaître dans cette religion l'un des plus ardents courants mystiques dont le monde ancien ait été traversé[1]. Les motifs dont nous parlons sont les signes sacrés dont se sert la foule des dionysiastes pour affirmer ses espérances et sa foi. On s'en fait suivre jusqu'au tombeau. On les peint sur les vases, les lampes, sur les moindres objets; on en fait des marques de tatouage, tout comme on aime alors à porter le nom du dieu, pour appeler sa protection[2]. Ces ornements, dont le rôle décoratif n'est qu'accessoire, n'ont rien de plus profane en somme que la croix, le poisson ou l'agneau qui les remplaceront aux premiers temps du christianisme. Ce sont de ces emblèmes dont la foi populaire aime à s'entourer et que la religion du moment impose toujours à l'art ornemental. Il arriva sans doute un jour où le sens primitif de ces symboles put s'oblitérer et bien des décorateurs n'y virent souvent que des thèmes gracieux et traditionnels. C'est le sort de tout motif analogue de dépouiller peu à peu sa signification primitive et de ne plus devoir sa vogue qu'à la force de la tradition. Mais l'invention du style dionysiaque et sa singulière faveur aux temps alexandrins sont des faits qui ne concernent pas seulement l'histoire de l'art. Ils restent inexplicables pour qui n'en cherche pas la cause dans l'évolution des croyances populaires.

1. Cf. Perdrizet, *Le fragment de Satyros sur les dèmes d'Alexandrie*, *Rev. des Et. anciennes*, 1910, p. 234 et suiv.; *Bull. de la Soc. archéol. d'Alexandrie*, 1910, p. 16 et suiv.; Id. *Cultes du Pangée* (*Annales de l'Est*, 1910), p. 98 et suiv.
2. Cf. Perdrizet, *Cultes du Pangée*, p. 65 et suiv.

Un autre intérêt enfin s'attachait à ces représentations
d'objets bachiques et put contribuer pour une part à
leur diffusion. Nous allons voir lequel, en traitant de la
tendance *illusionniste*.

D. *L'illusionnisme.*

Le procédé ornemental que nous appelons de ce nom
est encore un de ceux qui distinguent les produits de l'art
hellénistique. Il trouve son application dans la peinture
de vases aussi bien que dans la peinture murale ou la
décoration plastique. Il consiste à remplacer l'objet réel,
en son lieu et place, par son image peinte ou sculptée,
de manière à donner plus ou moins l'illusion de sa
présence.

C'est ainsi que, dans la peinture à fresque du IIIe et du
IIe siècle, on imite par la couleur les reliefs d'une décoration profilée, des placages de marbre ou des motifs
d'architecture. Ailleurs, on reproduit sur des murs des
guirlandes de fleurs naturelles. Le procédé n'est sans
doute pas une pure invention de l'âge hellénistique, mais
il prend alors une importance et dénote une intention
nouvelles. Il apparaît fréquemment à l'origine même de
l'art. On imitait dans les premiers temples de pierre
l'aspect de l'édifice en bois. De tout temps, les potiers
ont reproduit dans l'argile les formes et les détails exté-
rieurs des vases métalliques. Sur les grands pithoi
crétois, on figurait en relief les cordes qui servaient à les
porter. Mais jamais ces ornements ne visent au trompe-
l'œil. L'architecte du temple n'entendait pas qu'on prît
son œuvre pour une antique bâtisse en planches. En
sculptant dans le marbre les formes du bois, il obéissait
simplement et inconsciemment à la force obscure de la
tradition. Quand l'acanthe qui croît sur les tombes

apparaît dans le décor de la stèle funéraire, on ne cherche
point à donner l'illusion parfaite de la plante.

Le propre de l'art hellénistique est d'avoir fait du
trompe-l'œil un procédé de décoration habituel et réflé-
chi[1]. Disposant d'une technique plus savante, d'une
palette autrement riche que celle des maîtres anciens,
la peinture du IVe siècle prenait déjà plaisir à cette sorte
d'effet. Quelques anecdotes sont à cet égard caractéristiques.

Dans un célèbre tableau de Zeuxis, rapporte Pline, des
raisins que tenait un enfant étaient si habilement rendus que les oiseaux, s'y trompant, accouraient pour les
picorer[2]. On faisait un pareil éloge d'une œuvre de Pro-
togène, où l'image peinte d'une perdrix attirait près
d'elle les perdrix vivantes[3]. Devant un portrait équestre
d'Alexandre, signé d'Apelle, le cheval du roi, reconnais-
sant son semblable, hennissait de plaisir. Dans une autre
œuvre du même peintre, les doigts d'un personnage
étaient si habilement rendus qu'ils paraissaient, disait-
on, saillir hors du tableau[4]. Donner, par la couleur et le
jeu des ombres, l'illusion parfaite du relief et de la
réalité, tel était, semble-t-il, le comble de l'art et le but
que le peintre se devait proposer.

Les décorateurs, comme les grands maîtres, firent

---

1. Quelques archéologues allemands se servent parfois du mot « illusionnisme » pour désigner des effets d'un autre genre ; par exemple ces effets de
transparence que cherchent à obtenir certains sculpteurs dans le rendu des
draperies (cf. Watzinger, *Magnesia am Maeander*, p. 186 ; G. Leroux, *Bull.
Corr. hellén.*, 1907, p. 414 et suiv.) ; ou encore ce modelé délicat des chairs qui
donne si exactement l'impression de la vie dans certaines œuvres praxitélien-
nes (cf. Pfuhl, *Neue Jahrb. f. Kl. Altert.*, 1909, p. 613 et suiv.). A ce style, dont
l'intention est de rivaliser par le seul moyen du ciseau avec la peinture,
conviendraient mieux les épithètes de *pictural* ou *d'impressionniste*. Le mot
illusionnisme, qui évoque l'idée du trompe-l'œil, s'applique mal à de tels effets,
mais fort exactement au procédé décoratif dont nous traitons.

2. Overbeck, *Schriftquellen*, 1649 (Plin., *Nat. Hist.*, XXXV, 65).

3. *Ibid.*, 1924 (Strabon, XIV, p. 652.)

4. *Ibid.*, 1835 (Ael., *Var. hist.*, II, 3 ; Plin., *ibid.*, XXXV, 95).

bientôt effort dans ce sens. Dès la fin du ive siècle l'art industriel porte la marque de cette recherche. Les sarcophages en bois d'Abusir, qui datent de 330 environ et dont l'étude est si précieuse pour l'histoire de l'art ornemental, apportent là-dessus aussi leur témoignage. On voit peintes sur l'un d'eux des têtes de lions que souligne une ombre portée, destinée à donner l'illusion du relief[1]. C'est à ma connaissance le premier exemple d'une peinture imitant l'effet d'un décor sculpté. C'est déjà le procédé que mettront en pratique les artistes de Délos et de Pompéi, quand ils reproduiront par la couleur et l'ombre l'aspect des corniches saillantes ou des marbres incrustés[2].

La peinture céramique n'a pas ignoré ce mode d'ornementation. On en reconnaît la trace dans maintes séries, et surtout dans celle des hydries funéraires alexandrines à décor polychrome sur fond blanc. Ces vases, qui contenaient les cendres du mort, étaient chargés au jour des funérailles de fleurs ou de ténies. Cet usage suggéra aux peintres un thème ornemental, d'ailleurs des plus heureux. Sur la plupart de ces hydries sont représentées, à leur vraie grandeur, des guirlandes fleuries ou de lourdes bandelettes qui, relevées par les anses, forment sur les deux faces un large feston[3].

Un motif tout à fait semblable s'observe dans la décoration du lagynos. A certains jours, et notamment dans

---

1. Watzinger, *Holzsarkoph.*, pl. III.

2. Cf. Bulard, *Peintures murales de Délos*, p. 116 et suiv., pl. VI, A, etc. Un autre exemple d'ornementation illusionniste nous est fourni au ive siècle par les plats à poissons, de la technique des figures rouges. Cette variété de poterie se rencontre en Grèce, en Italie et en Crimée. (Cf. Watzinger, *Athen. Mitteil.*, 1901, p. 51, pl. III; *Comptes rendus*, 1866, pl. IV, p. 81; 1876, pl. V, p. 164; 1880, p. 107.)

3. *Musée Égyptien*, III, pl. VIII, X, XVI, XVII; dans certains cas s'ajoutait encore à cette décoration une couronne de feuillage artificiel en bronze ou en terre cuite. *Ibid.*, p. 21, fig. 1, pl. XI, VII, VIII. Cf. aussi Lombroso, *Bull. Soc. Alex.*, 1910, p. 3 et 4.

ces *lagynophories* dont parle Athénée, le vase était orné de vrais feuillages. Peut-être un rite obligeait-il les comastes à poser leur propre couronne sur leur cruche à vin, comme on faisait aux Choes d'Athènes. C'est cette couronne que rappellent et remplacent les rameaux de myrte, de lierre ou d'olivier si souvent peints à l'épaule des lagynoi[1].

La même intention se retrouve dans ces colliers à breloques, ces cordons chargés d'amulettes, dont les poteries à fond noir sont maintes fois décorées[2]. Cet ornement tient encore lieu d'un objet réel. Lorsqu'on en faisait une offrande, ou qu'il devenait un accessoire du culte, le vase à boire était sans doute paré, comme un autel, de bandelettes et de colliers[3]. De là vint, et de là seulement pouvait venir l'idée d'un pareil ornement.

Ce ne sont pas dans la céramique grecque les seuls faits à inscrire au compte de l'art illusionniste. D'autres motifs ont certainement la même origine, mais en quelque sorte au second degré. Ils n'ont pas été créés par les peintres de vases; à la place et dans les dimensions que ceux-ci leur donnent, ils ne peuvent viser au trompe-l'œil; mais là où ils firent leur première apparition, j'entends dans la peinture murale, ils voulaient sans nul doute et pouvaient facilement produire cet effet. Je veux surtout parler de la guirlande de fleurs, relevée çà et là par des lemnisques ou des supports tels que des bucrânes.

Ce fort beau motif, dont l'art grec des derniers siècles

---

1. Dans la pompe de Ptolémée Philadelphe on portait des cratères couronnés de roses (Athen., V, 199 e).

2. Watzinger, *Athen. Mitteil.*, 1901, p. 70, n° 10; p. 74, n° 18 et note 1; p. 76, n° 21; p. 79, n° 27. Cf. *Arch. Anzeig.*, 1891, col. 19; *Comptes rendus*, 1865, p. 182 (S. Reinach, *Antiq. Bosph.*, pl. XI; etc.).

3. Dans la « Magicienne » de Théocrite, le vase qui sert aux incantations est couronné d'un lemnisque de laine rouge (Theoc., *Pharm.*, 2); cf. *Comptes rendus*, 1863, pl. VI, 4, cratère orné de bandelettes, dans une scène de comédie.

use jusqu'à l'excès, est certainement une invention de la peinture et de la sculpture monumentales, non point des céramistes. Je n'en connais pas d'exemple antérieur à cet autel peint de Ptolémée II, qu'on voit au Musée d'Alexandrie. Ici, la guirlande occupe la place et produit exactement l'effet des feuillages vivants dont l'autel était paré pendant les cérémonies du culte. Soutenue par des bandelettes, elle court aux quatre faces du cube de pierre et forme huit larges festons. Elle a ses dimensions et ses couleurs naturelles. A quelques mètres, l'illusion pouvait être parfaite. On sait combien d'imitateurs trouva cette innovation. Au second et au premier siècle avant notre ère et plus tard dans l'art romain, tout autel aura sa guirlande peinte ou sculptée. A Délos, les monuments de ce type ne se comptent plus. Les potiers qui faisaient du brûle-parfum un autel en miniature, n'ont pas manqué de reproduire cette décoration consacrée.

Dans la sculpture monumentale où elle n'est guère d'une moindre fréquence, la guirlande en relief tenait encore lieu d'un ornement rapporté. Au front des temples et des portiques, elle remplace les feuillages naturels qu'on suspendait en festons, avec les têtes des victimes[1].

Il est curieux de voir que ce motif de la guirlande sculptée, portée par des têtes de taureaux, ne fut pas créé d'un seul coup, mais par des essais successifs. L'illusionnisme, à ce qu'il semble, n'avançait que pas à pas. A Délos, au grand portique du Nord (fin du IIIe siècle)[2], il n'y a encore de taillé dans le marbre que les têtes de taureaux. Elles sont placées de distance en distance sur les triglyphes de la façade. Réduite à ce seul élément, la déco-

---

1. Sur cette coutume d'orner de guirlandes les édifices du culte et même les maisons pendant les jours de fête, cf. le relief d'Icarios. Pour les têtes des victimes, cf. *Mon. d. Inst.*, 1859, pl. XXII.

2. *Comptes rendus de l'Acad. des Inscr.*, 1907, p. 336 et suiv.

ration n'est pas du plus heureux effet. Elle se complétait évidemment par une guirlande de vrais feuillages qu'on posait sur les têtes de pierre. Ainsi se combinaient étroitement l'ornement vivant et l'ornement figuré. On ne tarda guère à franchir la seconde étape et les feuillages furent sculptés à leur tour. Sous cette forme complète et définitive, le motif se rencontre pour la première fois dans des édifices de Magnésie du Méandre[1].

Quand il passa de la grande sculpture polychrome dans la céramique peinte ou à reliefs, il fut donc détourné de sa destination et de son sens primitifs. On n'y vit plus qu'un très gracieux ornement, à la fois très simple et très vivant, où se conciliaient avec bonheur le goût du décor floral et celui du décor linéaire. On l'apprécia pour lui-même et sans songer à ces effets d'illusion qui en avaient tout d'abord été la raison d'être.

D'autres ornements que la guirlande purent ainsi prendre naissance dans la fresque murale, comme motifs trompe-l'œil, et ne passer qu'ensuite dans la peinture de vases. Il est fort possible que certains des objets dionysiaques figurés sur les lagynoi aient été introduits par cette voie au répertoire décoratif. Dans les fêtes bachiques, on se servait certainement d'accessoires tels que des lyres, des couronnes et des vases, tout comme on faisait des guirlandes, pour orner les murs des édifices ou les parois des salles. La peinture illusionniste, qui si souvent imita les chaînes de feuillages naturels, dut aussi s'essayer à reproduire ces objets. On imagine facilement, dans une salle de banquet, des fresques figurant en trompe-l'œil des vases, des instruments de musique, des couronnes bien détachées sur le fond clair des stucs. Ces images peintes pouvaient donner l'illusion du réel et c'était une raison nouvelle pour qu'on se plût à de tels sujets.

---

1 *Magnesia am Maeander*, p. 81 et 84. Cf. *Dict. des Antiquités,* s. v. *Seria.*

En Grèce, où les peintures murales n'ont laissé que de
rares vestiges, ce genre de tableau ne s'est pas encore
rencontré. Mais les fresques pompéiennes ont développé
à l'envi des thèmes fort analogues. On y voit des vases
posés sur des corniches, des pièces de gibier, des masques
accrochés aux parois des chambres. Enfin, les textes
nous font connaître une composition décorative, fameuse
dans l'antiquité, et d'une inspiration toute pareille. C'est
cette mosaïque de l'*Asorotos oikos*, qu'avait dessinée pour
une salle à manger un artiste de Pergame du nom de
Sosos [1]. Elle figurait, avec tant de vérité qu'on s'y pouvait
méprendre, les reliefs d'un repas épars sur le sol.
L'exemple de cette œuvre, qu'on peut avec vraisemblance
rapporter au temps des Attalides, est un de ceux qui
attestent la diffusion du procédé illusionniste. Il nous
laisse apercevoir comment les peintres pouvaient être
conduits à faire un ornement de l'objet le plus vulgaire.
Si l'art de ce temps montre un tel goût pour ce genre de
représentations, ce n'est pas seulement qu'on voie dans
certains objets des symboles de la religion dionysiaque,
ce n'est pas non plus qu'on trouve une beauté de lignes
particulière à des ustensiles tels qu'une lanterne ou un
filet : c'est que ces images, bien mieux que d'autres, se
prêtent au jeu favori de l'illusionnisme. Une fois admis
dans la liste des sujets consacrés où puisaient les
décorateurs, on oublia leur sens originel : on y vit des
motifs pareils à tous les autres ; ils plurent surtout par
l'idée joyeuse ou mystique qu'ils évoquaient, et c'est à ce
titre qu'ils passèrent dans la peinture de vases.

Nous ne pouvons traiter de l'illusionnisme sans
mentionner au moins un autre thème ornemental, qui
rappelle fort, par son origine, celui de la guirlande aux

---

1 Overbeck, *Schriftquellen*, 2158-2160 (Pline, *Nat. Hist.*, XXXVI, 184 ; Stat.,
Silv. I, 3, 53 ; Apoll. Sidon., *Carm.*, 23, 55).

bucrânes. Il consiste à figurer des armes, en bas-relief, sur les murs ou les entablements des édifices. Ce mode de décoration demeure spécial à l'architecture, et la peinture céramique ne se l'est pas appropriée[1].

Un très vieil usage voulait qu'on suspendît aux parois des temples, des trésors ou des portiques les dépouilles prises à l'ennemi. Dans Athènes, les colonnades de l'Agora étaient chargées de ces trophées[2]. Aux temples d'Olympie et de Delphes, des boucliers de bronze étaient fixés sur les blocs de la frise. Le Parthénon lui-même finit par recevoir une semblable parure. De même qu'elle imitait les guirlandes naturelles, la sculpture monumentale reproduisit cette autre sorte d'ornement. Si les ruines qu'a pu voir encore Ulrichs près de Leuctres étaient bien celles du trophée construit par les Thébains[3], la première idée de ce décor remonterait jusqu'au IVe siècle. Le monument en question, aujourd'hui disparu, était un mausolée circulaire, couvert d'une coupole et orné, tout autour, de boucliers sculptés en forts reliefs. A Milet, au second siècle, le bouleutérion récemment découvert étale sur sa frise des armes galates[4]. Plus tard, le motif du bouclier sculpté devient banal jusqu'à perdre toute signification. On en usa comme d'une simple rosace, pour combler les vides des métopes. A Pergame, la stoa d'Athéna Polias nous montre une variante du thème primitif[5]. Les célèbres reliefs de la balustrade ne figurent plus des boucliers suspendus de place en place, mais un amoncellement d'armes de toute sorte. C'est le butin de la bataille, jeté là, pêle-mêle, en offrande à la déesse de

---

1. On voit cependant représentées quelquefois sur des lampes à reliefs, soit des armes galates, soit des armes de gladiateurs.

2. Wachsmuth, *Athen im Altert.*, II, p. 427.

3. Ulrichs, *Reisen und Forschungen in Griechenland*, p. 110.

4. Knackfuss, *Das Rathaus in Milet, Ausgrabungen in Milet*, fasc. II, Berlin, 1908; Durm, *Baukunst d. Griechen*, 3e éd., p. 511, fig. 458.

5. Durm, *ibid,* p. 504, fig. 448.

la cité. Nous retrouverons plus tard ces monceaux de dépouilles sur les arcs de triomphe romains.

*
* *

Les vases peints qui nous ont fourni l'occasion des remarques précédentes sont parmi les derniers produits des fabriques grecques. Après eux, la peinture céramique ne fera plus que végéter. Mais le style ornemental dont ils participent, et dont nous avons marqué quelques traits, n'en est encore qu'à sa première floraison. Il continuera de se développer en Grèce, dans les autres branches de l'art. Transplanté sur le sol italien, au contact d'une civilisation plus jeune, il portera des fruits imprévus. Le naturalisme et l'illusionnisme, dont nous avons observé le lent progrès, ont désormais cause gagnée. Dans les styles pompéiens ils régneront sans conteste.

INDEX

9

ADDITIONS

Page VII. — Au moment où s'achevait l'impression de ce travail, M. E. Pottier a bien voulu me communiquer les épreuves d'un article qu'il imprimait de son côté sur un sujet très voisin du nôtre (pour paraître dans les *Monuments Piot* de 1912). Il y étudie divers spécimens de la céramique hellénistique à fond blanc : un canthare italiote du Louvre, des vases trouvés dans les nécropoles tunisiennes (mentionnés ci-dessus p. 104, n. 4), des fragments provenant d'Antinoé. Toutes ces poteries sont apparentées par le style et la technique à nos lagynoi; elles attestent comme eux la longue faveur et la large diffusion de la céramique à fond clair. Des tessons d'Antinoé on peut rapprocher une importante série de vases coptes conservés au Musée d'Alexandrie et des vases similaires trouvés en Asie Mineure, comme le lagynos de Sivas, cité ci-dessus (p. 102). M. Pottier a noté comme nous l'étroite analogie du style de ces poteries avec celui de la grande peinture murale. C'est le caractère le plus frappant de la peinture céramique à fond clair pendant toute l'antiquité.

Page XI. — Aux lagynoi du premier groupe trouvés dans la Grèce propre, il faut ajouter un lot de vases provenant de Chalcis (Musée de Chalcis) et d'autres récemment découverts à Hermione; le temps m'a manqué pour obtenir des renseignements précis sur ces trouvailles, qui d'ailleurs ne semblent pas de nature à modifier aucune de nos conclusions.

TABLE DES MATIÈRES

BORDEAUX — IMPRIMERIES GOUNOUILHOU, RUE GUIRAUDE, 9-11.

OUVRAGES DU MÊME AUTEUR

Exploration archéologique de Délos, II : La Salle hypostyle.
Paris, Fontemoing, 1910.

Vases grecs et italo-grecs du Musée archéologique de Madrid.
Bibliothèque des Universités du Midi, XV. Bordeaux,
Féret, 1912.

*Les origines de l'édifice hypostyle en Grèce, en Orient et chez
les Romains.* Paris, Fontemoing, 1913.

Ernest LEROUX, Éditeur

Rue Bonaparte, 28

Ernest Babelon, de l'Institut :

Catalogue des Camées de la Bibliothèque Nationale.
Grand in-8° et album de 76 planches . . . . 40 »

G. Clausse :

Les Marbriers romains et le mobilier presbytéral.
In-8°, illustré de 75 dessins . . . . 15 »

Deshayes et Ouéda Tokounosouké :

**La Céramique japonaise; Les principaux centres de
fabrication céramique au Japon. In-18** 3 50

Ed. Garnier :

**Les Faïences au Musée de Sèvres. In-8°, illustré
d'un grand nombre de marques et signatures** . . . . . 5 »

E. Molinier :

La Céramique italienne au XVᵉ siècle. In-18 illustré. 3 50

G. Papillon :

**Guide du Musée céramique de Sèvres. In-8° écu,
dessins et planches, marques, monogrammes** . . . . . 3 »
Une visite au Musée céramique. In-8° écu 0.50

Edm. Pottier, de l'Institut, J. de Morgan et R. de Mecquenem :

**Céramique peinte de Suse et petits monuments de
l'époque archaïque. In-4°, 212 figures et 44 planches** . . 50 »

A. de Ridder :

**Catalogue des vases peints de la Bibliothèque Natio-
nale. 2 parties en 1 volume in-4°, 150 dessins et 34 pl.** . 50 »

**Les Vases peints, les Marbres, les Ivoires de la Collection
de Clercq. In-4°, 41 planches** . . . . 40 »

Bordeaux. — Imprimeries Gounouilhou, rue Guiraude, 9-11.